Über die erlangte Erleuchtung
stellt der Meister
eine Bescheinigung aus

Klaus-Werner Stangier

# Über die erlangte Erleuchtung stellt der Meister eine Bescheinigung aus

## Meister Eckhart und Zen-Meister Hakuin im Gespräch – eine Nonne mischt sich ein

Mit acht Kalligrafien von
Barbara Käppler und Ursula Werner

Patmos Verlag

**VERLAGSGRUPPE PATMOS**

PATMOS
ESCHBACH
GRÜNEWALD
THORBECKE
SCHWABEN
VER SACRUM

Die Verlagsgruppe
mit Sinn für das Leben

Für die Verlagsgruppe Patmos ist Nachhaltigkeit ein wichtiger Maßstab
ihres Handelns. Wir achten daher auf den Einsatz umweltschonender Ressourcen
und Materialien.

Umschlaggestaltung: Finken & Bumiller, Stuttgart
Lektorat: Andreas Rode Lektoratsbüro, München
Gestaltung, Satz und Repro: Schwabenverlag AG, Ostfildern
Druck: CPI books GmbH, Leck
Hergestellt in Deutschland
ISBN 978-3-8436-1158-9

# Inhalt

6

# Einführung:
# Warum und wie Ost und West miteinander sprechen

Die Frage nach dem Warum öffnet das Gespräch zwischen Eckhart und Hakuin mit einem Paukenschlag, man könnte auch sagen: die irritierenden Schwingungen, die die Frage auslöst, durchziehen die gesamte Unterredung. Der Drang, wissen zu wollen, warum, schafft Distanz, er macht aus dem Gesprächsthema ein Objekt, dessen Sinnhaftigkeit man untersuchen zu können meint. Die Frage nach dem Warum dient nicht dem Leben, Leben ist kein Objekt und blüht, wie Angelus Silesius formuliert, ohne Warum. Und dennoch führt die Frage mitten hinein in dieses Leben, das Begegnung ist bzw. sich in der Weise der Begegnung vollzieht. So auch im Gespräch, das Hakuin und Eckhart führen. Nach dem Warum zu fragen, kann die Türe zum Grund öffnen. Das möchte ich zeigen.

Zu dem fiktiven Gespräch der beiden gehören neben den Äußerungen der Partner auch Texte, die beide mitbringen und sich gegenseitig übergeben, damit sie im Nachhinein in Ruhe gelesen werden können. Schließlich taucht im Gespräch auch eine Nonne auf. Ihre Identität ist nicht definiert, sie ist weder Christin noch Buddhistin, sie ist eher ein Geist, der Unruhe stiftet. Sie liefert hilfreiche Beiträge, kann zuhören und fragen.

Hakuin ist durch seine Autobiografie sowie zahlreiche Zeichnungen, Briefe und Texte kein unbeschriebenes Blatt. Seine Lebenszeit liegt noch nicht so weit zurück, er starb 1768 und hat die Zen-Meditation entscheidend geprägt.

Eckhart dagegen ist als Person nur schwer greifbar. Die meisten

Daten seines Lebens lassen sich nur aus seinen Texten erschließen. Es gibt keine Bilder und keine handschriftlichen Äußerungen von ihm. Eckhart zeigt sich in seinen deutschen Predigten und Traktaten und in seinen lateinischen Werken. Wahrscheinlich ist er im Jahr 1328 in Avignon gestorben, wo er sich gegen die Anklage des Kölner Erzbischofs verteidigte. Warum veranstaltet man solch ein Gespräch, was kann man sich davon erhoffen? Können die beiden Welten überhaupt kommunizieren? Shizuteru Ueda, ein japanischer Gelehrter, der beide Sprachspiele zu spielen weiß, spricht von der tiefen »Kluft zwischen der darstellenden deutschen Sprache und der Welt der dargestellten Sachen, die als solche zu der Welt des Japanischen gehören.«[1] Er versucht dennoch einen Brückenbau über die Kluft hinweg, über die Kluft zwischen Sprache und Sache und zwischen West und Ost, und er tut es, weil er auf den gemeinsamen Grund beider Seiten setzt, auf die gemeinsame Bodenlosigkeit des Lebens. »Um dieselbe Umwendung vom negativen Nichts zu dem absoluten Nichts geht es dem Zen-Buddhismus, dessen ›großes Sterben‹ bei Eckhart der ›radikalen Abgeschiedenheit‹ entspricht. Im ›Leben ohne Warum‹, in dieser gelebten Freiheit, sehen wir eine wesenhafte Geistes- und Lebensverwandtschaft von Meister Eckhart und Zen.«[2] Ueda bewegt ständig die Wahrnehmung von Gemeinsamkeit und Unterschiedlichkeit beider Denk- und Erfahrungsweisen. So schreibt er: »Im Zen-Buddhismus, besonders auf dem Weg nach oben, auf dem Weg der Negation, ist eine weitgehende und genaue Übereinstimmung mit Eckhart zu konstatieren, was die radikal durchgeführte negative Theologie um der letzten Wirklichkeit willen und den dynamischen Zug der Steigerung sowohl hinsichtlich Gottes als auch der Seele, anbelangt. Das geht manchmal so weit, dass viele Zeilen in Predigten Eckharts ohne weiteres fast wörtliche Übersetzungen aus Zen-Texten sein könnten.«[3] Neben der tiefen Gemeinsamkeit betont Ueda auch, dass die

Sprache des Zen-Buddhismus radikaler ist als die Eckharts. »Dem Zen-Buddhismus geht es um die gleiche Zusammengehörigkeit von Verneinung und Bejahung. Nur ist dieser sowohl in der Verneinung wie auch in der Bejahung radikaler als Eckhart.«[4] Dieses Ringen bis hin zur Widersprüchlichkeit hat wohl damit zu tun, dass das Sprechen der Zen-Meister, ebenso wie das Eckharts und auch Uedas, von einer Sprachebene in die andere wechselt und auch von einer Redesituation in die andere. Von Angelus Silesius stammt der wunderbare Text vom Blühen der Rose ohne Warum:

»Die Ros' ist ohn warumb
sie blühet weil sie blühet
Sie achtt nicht ihrer selbst
fragt nicht ob man sie sihet.«[5]

Solch einen poetischen Text sollte man nicht auf den Seziertisch legen und auseinandernehmen, als sei er eine begreifende Aussage. Ueda wendet seine Aufmerksamkeit dem Satz »Sie blühet, weil sie blühet« zu, als handele es sich um eine philosophische Aussage: »Wie steht es eigentlich mit diesem ›weil‹?«[6] und nachdem er Heideggers 1957 erschienenes Werk »Der Satz vom Grund« herangezogen hat, kommt er zu dem Schluss: »In dem Ausdruck ›blühen, weil blühen‹ ist das Blühen schon mit dem Denken verwoben, nämlich durch den ›antwortenden Hinweis auf den Grund, den das Warum sucht‹. Es handelt sich im Grunde genommen um ein schon Gedachtes, als ob das Blühen erst im Denken als Einfaches und Reines möglich wäre.«[7] Der Gedankengang Uedas ist nachvollziehbar, Ueda übersieht aber etwas Entscheidendes, er realisiert nicht, dass es sich bei dem Text um Poesie und nicht um eine der Ratio verpflichtete Abhandlung handelt. Betrachtet man das Gedicht als Ganzes und lässt den Text auf sich wirken, dann finden das Staunen und die Berührung über das grundlose Blühen der Blume aus sich selbst im Innern des Betrachters Resonanz, er oder sie schwingen ein in das Gewahrwerden des eigenen Blühens ohne »Warum«.

Dazu Eckhart in der Predigt 5B: »Wer das Leben fragte tausend Jahre lang: ›Warum lebst du?‹ – könnte es antworten, es spräche nicht anders als: ›Ich lebe darum, *dass* ich lebe.‹ Das kommt daher, weil das Leben aus seinem eigenen *Grunde* lebt und aus seinem Eigenen quillt; darum lebt es ohne Warum eben darin, dass es für sich selbst lebt.«[8]

Thema des Gesprächs ist die Begegnung zweier Welten. Mit einer je eigenen Sprache formulieren Eckhart und Hakuin die Erfahrung des bodenlosen Grundes. Und der öffnet und teilt sich mit sowohl im Osten wie im Westen – und auch andernorts. Sätze, die sich »zuwinken« sind zum Beispiel:

»Die Blumen blühen, wie sie blühen.«
»Die Ros ist ohn warumb.«

»Wer ein Stück Holz im göttlichen Licht sieht, dem erscheint es als ein Engel.«
»Stille, oh, in den Felsen dringt Zikadenstimme.«

Bernhard Welte spricht von »analogen Bewegungen des Geistes«: »In einer Zeit, in der die Kulturen mehr und mehr zusammenrücken, ist es wichtig zu sehen, dass sich solche Ursprünge ganz unabhängig voneinander gleichsam zuwinken können.«[9] Im Vergleich von Ost und West werden Unterschiede deutlich, es kann sich aber auch ein differenzierteres und tieferes Verständnis der je eigenen Position ergeben. Die Formulierungen der anderen Seite beeinflussen immer auch die eigene Wahrnehmung und Sprechweise.
Es ist mir ein Anliegen, dass durch die Begegnung beider Wel-

ten, die notwendig eine Begegnung mit dem Fremden ist, die jeweils eigene Position zunächst einmal da sein darf, dass sie dann aber auch durch den andern in Frage gestellt wird. Sind beide Seiten dazu bereit, öffnet sich für beide am Ende eines langen Gespräches der bodenlose Grund, dann setzen sich beide dem Nichts aus. Gelingt das, können in einem weiteren Schritt neue Formen, Worte und Sätze, Laute und Gebärden entstehen und gefunden werden für das, was aus dem Nichts heraus werden will, aus einem Nichts, das als Fülle des Nichts verstanden werden darf. Der Dialog kann zu einer neuen Schöpfung führen, wenn beide Seiten sich mehr in die Wurzeln der eigenen Herkunft vertiefen.

Diese Schöpfung lässt sich in einem Buch nicht machen, sie kann aber, so meine Hoffnung, zwischen den Zeilen entstehen. So lade ich ein, Hakuin und Eckhart sowie ihrer Gesprächspartnerin zuzuhören, die sich meiner Vorstellung zufolge in Eckharts Mönchszelle getroffen haben.

# Zwei Jungen finden den Weg
# ins Kloster

HAKUIN: Mich in einer christlichen Mönchszelle vorzu-
finden, hätte ich mir in jungen Jahren nicht träumen lassen.
Das ist eine ganz ungewohnte Erfahrung für mich. Aber
wenn ich ein wenig nachdenke, erscheint sie mir doch nicht
so fremd. Mir gefällt die Einfachheit und Klarheit des kleinen Raums. Sie erinnert mich an mein eigenes Kloster
Shoin-ji. Obschon, ich muss sagen, am besten geht es mir in der Abgeschiedenheit der Natur. Irgendwo in den Bergen und
Wäldern, in einer einsamen Hütte oder einer Höhle im Berg,
fernab von den Menschen, nah am Rhythmus der Jahreszei-
ten und Tage, nah bei den Tieren, da übe ich am liebsten. In
meiner Autobiografie »Wilder Efeu«[10] können Sie mehr darüber lesen, wir werden noch darauf zu sprechen kommen.
Das Thema Üben ist für Sie wahrscheinlich auch ein wichtiges Anliegen, oder?

ECKHART: Ich freue mich, dass Sie gekommen sind. Sie erfüllen mir einen lang gehegten Wunsch, mich mit den spirituellen Erfahrungen der Menschen im Fernen Osten zu befassen,
nicht nur aus der Literatur, sondern sozusagen von Angesicht
zu Angesicht. Japan war zu Ihrer Zeit – und auch lange danach
noch – verschlossen. Es hat sich zurückgezogen auf die eigene
Inselwelt. Ich habe von christlichen Missionaren gehört, die in
Ihrer Heimat tätig waren. Handel mit Japan haben wohl vor allem die Niederländer getrieben.

Aber bevor wir uns Themen zuwenden, erzählen Sie mir doch etwas über Ihr Leben. Ich höre Ihnen lieber zu, als Ihr Buch zu lesen. Oder wollen Sie erst etwas von mir wissen? Über meine Kindheit, meine Kindheit in Thüringen will ich Ihnen gar nicht so viel erzählen. Lediglich, dass ich aus ritterlichem Geschlecht stamme. Meine Vorfahren waren als Ritter freie Menschen, sie trugen Waffen und konnten sich ungehindert bewegen, ganz im Unterschied zu den Leibeigenen, die völlig abhängig waren von ihrer Herrschaft. Ich war ein wissbegieriger Junge und knüpfte bald Kontakt mit den Dominikanern in Erfurt. Die Klöster waren in jener Zeit die Zentren des Wissens, der Kultur und der Spiritualität. Das hat sich allerdings im Lauf meines Lebens geändert. Da die Städte durch die Handwerker und Kaufleute zunehmend an Bedeutung gewannen, zogen auch immer mehr Menschen in die Städte. Und so sammelten sich an den Kathedralschulen die Studenten und Lehrer, die Städte konnten die Handschriften bedeutender Autoren erwerben. Allmählich entstanden Universitäten. Köln, Straßburg, Paris sind für mich wichtige Orte. Ich habe an diesen Orten auch Vorlesungen und Seminare gehalten.

HAKUIN: Ich erzähle Ihnen gerne aus meinem Werdegang. Aber, wenn ich Ihnen zuhöre, merke ich schon, wie wichtig Ihnen wissenschaftliche Erkenntnis ist. Sie sprechen ganz begeistert von diesem Übergang, heraus aus den Klöstern und hinein in die Offenheit der Stadt. Da wird diskutiert und argumentiert, da glänzt der geschliffene Verstand. Ich habe Poesie und Kunst studiert und diese Künste auch mein Leben lang betrieben. Tuschmalerei und Kalligrafie waren und sind mir geschätzte Hilfen, um den Menschen deutlich zu machen, worum es im Leben geht. Sprache ist ja meines Wissens – ich habe mich vor meiner Reise etwas kundig gemacht – für Sie ein wichtiges Thema. Sie interessieren sich auch für den Vorgang des Sprechens, des

Verstehens. Ich befürchte fast, dass Sie den Worten ein Gewicht beilegen, das diesen gar nicht zukommt. Aber zunächst einmal zu meiner Kindheit.

In meinem Geburtsort Hara, unterhalb des Fuji, hörte ich als Junge im Shogenkyo-Ji, dem lokalen Tempel, die Ansprache des Priesters Nichiren Shonin. Ich habe später darüber geschrieben:»Die Leute kamen von überall aus der Umgebung des Dorfes, um ihm zuzuhören. Sie strömten wie Wolken herbei. Ich ging mit meiner Mutter hin. Wir hörten, wie er die Qualen in jeder der Acht Brennenden Höllen bis ins kleinste Detail beschrieb. Er brachte damit jedes Knie seiner Zuhörer zum Zittern, und jede Leber war vor Angst steif gefroren. So klein ich auch war, ich machte da keine Ausnahme. Mein ganzer Körper zuckte in Todesangst. Als ich in jener Nacht zu Bett ging, war mein Geist in schrecklichem Aufruhr, trotz der Sicherheit an der Brust meiner Mutter. Die ganze Nacht lag ich wach, schluchzte fürchterlich und aus meinen Augen quollen unaufhaltsam Tränen.«[11] Der Hölle entkommen! Wer oder was kann mir helfen? Die Angst vor den Qualen der Hölle war für die kommenden Jahre der Motor meines Handelns.»Wenn ich ganz allein vor den brennenden Feuern der Hölle stehen würde. Was kann ich tun? Gibt es da noch einen Fluchtweg? Muss ich still sitzen bleiben und ruhig warten, bis der Tod kommt? Wenn du irgendetwas dazu weißt, dann sag mir das bitte. Ich möchte alles wissen! Hab Mitleid mit mir. Rette mich!«[12] So bedrängte ich meine Mutter. Mir wurde aber langsam klar, dass sie, obschon sie vorgab, Hilfe zu kennen, die helfende Antwort nicht wusste.

ECKHART: Das war ja eine furchtbare Angst, hatten Sie keine Möglichkeit, mit Ihrem Vater zu sprechen?

HAKUIN: Nein, ich war allein damit. Mein Vater war ein ganz pragmatischer Mann. Vielleicht wollte ich auch, so sehr ich die Angst loswerden wollte, insgeheim nicht von ihr lassen. Sie riss alle Schutzhäute durch und stellte mich von Grund auf in Frage. Die Angst war zutiefst existenziell. Ich griff zu, als die Mutter sagte:»Du musst immer die Gottheit des Kitano-Schreins verehren.«[13] Der Kitano-Schrein ist der Gottheit des Büffels geweiht, und ich bin unter dem Zeichen des Büffels geboren, mein junges Herz war zu allem bereit. Damals stand ich jede Nacht um zwei Uhr auf, zur Stunde des Büffels, und rezitierte unter Verneigungen das Tenjin-Sutra, um den Qualen des Höllenfeuers zu entkommen. Da trat mein Vater dazwischen und kritisierte, dass ich nachts unnötig Licht brannte, außerdem brauche ich den Schlaf. Er hatte kein Verständnis für meine seelische Not.

Nach einiger Zeit ließ ich mich überzeugen, dass eine shintoistische Gottheit nicht in der Lage sei, meine spirituelle Not zu beheben. Stattdessen rezitierte ich von da an voll Hingabe das buddhistische Kannon-Sutra. Das könne mir helfen, so wurde mir versichert. Leider blieb auch das ohne Erfolg; die Angst wurde durch die Rezitation des Sutra nicht gemindert.

ECKHART: Schrecklich, was Sie da mitgemacht haben. Es erinnert mich an Predigten hier in Europa, wo eine ganze Reihe von Predigern sich fast wie in einem Wettstreit bemüht haben, durch die Schilderung der Qualen des Höllenfeuers Menschen auf den rechten Weg zu bringen. Was sie so unter dem rechten Weg verstanden. Ja, unsere Priester gingen sogar so weit, Menschen zu verbrennen, wenn sie es wagten, einen eigenen Weg zu gehen. Eine mir liebe Freundin, Margarete Porete, wurde in Paris verbrannt, weil sie die Liebe über alle Gebote und Lehrsätze der Kirche stellte.

HAKUIN: Es hat lange gedauert, bis ich die Angst loswerden konnte. Sie blieb viele Jahre der Hauptantrieb in meinem Leben. Ich erinnere mich noch gut, damals kamen Puppenspieler in die Nähe. Sie führten ein Stück auf, in dem ein Priester namens Nisshin verbrannt werden soll. Aber er verbrennt nicht, das Feuer kann ihm nicht schaden, denn er wird beschützt durch die Rezitation des Lotus-Sutra. In meinen Lebenserinnerungen habe ich davon erzählt: »Diese Geschichte machte mich nachdenklich: Einem Priester von der Qualität Nisshins sollte es auch möglich sein, den Höllenfeuern zu entkommen. Und so beschloss ich: Ich werde buddhistischer Priester. Ich werde genauso werden wie Nisshin.«[14] Als ich das Puppenspiel sah, war ich vierzehn Jahre alt. Es beeindruckte mich so sehr, dass ich als Assistent von Nyoka Roshi meine Ausbildung zum Priester begann.

ECKHART: Ich kenne eine Geschichte aus alten Zeiten, die hätte auch von Puppenspielern aufgeführt werden können. Sie steht in der Bibel und erzählt, wie drei junge Männer für ihren Glauben in den Feuerofen geworfen werden. Sie weigern sich, einen Menschen als Gott anzubeten. Ihr Vertrauen auf Gott ist so groß, dass die Flammen ihnen nichts anhaben können, sie kommen unversehrt aus dem Feuerofen heraus.

HAKUIN: Sie sprechen von einem Gott, der von außen eingreift und hilft. So eine Vorstellung ist mir persönlich ganz fremd. Ich bemerke durchaus, dass die einfachen Leute dazu neigen, sich eine große Gestalt auszudenken, die mächtig und freundlich ihr Geschick beeinflusst, sie machen dann z. B. Buddha oder auch besondere Tiere, die sie faszinieren, zu Göttern – aber wie gesagt, mir ist das fremd. Wir müssen uns später einmal darüber unterhalten, was wir meinen, wenn wir von »Gott« sprechen.
Doch zurück zu meinem Lebenslauf. Ich hörte mit 18 Jahren

bei einer Versammlung von Mönchen, wie ein bekannter Lehrer, ein außerordentlicher Roshi, also ein Mensch, wie er nur alle 500 Jahre geboren wird, Opfer von Banditen geworden ist. Sie haben ihn überfallen und ausgeraubt. Die Nachricht hat mir fast den Boden unter den Füßen weggezogen, und ich fiel ins Grübeln. Wenn solch ein berühmter Priester und außerordentlicher Mensch nicht gegen Banditen geschützt ist, was ist dann mit mir? Auch darüber habe ich geschrieben:»Wie könnte dann ein gewöhnlicher Mönch wie ich hoffen, nach meinem Tod nicht in die Drei Höllen zu fallen? Erschüttert stellte ich fest, dass ein buddhistischer Mönch die nutzloseste Kreatur auf dieser Erde sein muss. Eines ist sicher, ich bin am Ende meiner spirituellen Suche angelangt. Was bin ich für ein Versager geworden!«[15] So klagte ich mich selbst an.

ECKHART: Aber für Ihre spirituelle Entwicklung war es vielleicht doch eine grundlegende Erfahrung, die Ihnen neue Türen öffnen konnte. All Ihre Vorstellungen wurden zerschlagen, Sie waren desillusioniert. Ich spreche oft vom Loslassen, vom Loslassen dessen, was wir besitzen oder was uns besitzt.

HAKUIN: Damals konnte ich das so noch nicht sehen, ich habe vielmehr die Konsequenzen gezogen und bin aus dem Kloster ausgetreten. Es gab keinen Grund mehr, im Kloster zu bleiben und weiterhin als Mönch zu leben. Darum beschloss ich, Kalligrafie und Poesie zu studieren.
Wird Ihnen mein Bericht zu lang? Das alles liegt lange zurück; was damals geschah, ist vergangen. Aber ich denke, vielleicht ermutigt meine Geschichte jüngere und ältere Leute, wenn sie lesen, wie umständlich mein Weg war, wie unsicher, wie langwierig. Man braucht Geduld und Ausdauer und eine gehörige Portion Mut dazu, wenn man die Welt der Illusionen durchbrechen will.

ECKHART: Da bin ich ganz Ihrer Meinung. Nein, mir wird Ihre Erzählung nicht zu lang, im Gegenteil, ich bin gespannt, wie es weiterging, wie Sie weitergegangen sind. Wenn ich das noch einschieben darf: Mir fällt eine Legende ein, die davon berichtet, wie ein Soldat es darauf anlegt, dem höchsten Herrn zu dienen. Den ersten König verließ er, weil er mitbekam, dass der Angst vor seinem Nachbarn hatte. Er trat in die Dienste des benachbarten Königs und wurde Soldat in seinem Heer. Als er einen Abend mit ihm verbrachte und die beiden sich einen gehörigen Rausch angetrunken hatten, vertraute der König ihm flüsternd und sich dabei immer wieder vergewissernd, ob jemand lauschte, an, er habe Angst vor dem Teufel und fürchte, der könne ihn schnappen und in die Hölle werfen. Der Soldat packte am kommenden Tag seinen Ranzen und machte sich wieder auf den Weg, diesmal, um den Teufel zu suchen. Ihm wollte er dienen. Er war dann längere Zeit mit ihm unterwegs, das Leben war abwechslungsreich und manchmal auch lustig. Eines Tages wanderten sie über die Landstraße, da bemerkte der Soldat, wie der Teufel ihn drängte, einen Bogen zu gehen, einen Bogen um einen Bildstock am Wegesrand. Dieser zeigte eine Darstellung der Maria mit dem Jesuskind. »Nanu«, dachte der Soldat, »sollte es da einen Größeren geben, vor dem der Teufel Angst hat?« Er winkte dem Teufel zu, verließ ihn und ging seiner Wege, bis er an einen Fluss kam.

Dort stand eine Hütte und ein Mann lebte in ihr, ein Einsiedler. Ich denke, Hakuin, Sie hätten sich dort wohl gefühlt, fernab von dem Getriebe der Menschen. Der Mann war alt geworden, er hatte sein Leben lang die Leute durch den Fluss getragen, er kannte die Furt, war in die Jahre gekommen und bat nun den Soldat: »Willst du meine Aufgabe übernehmen? Ich sehe, du bist kräftig und hast einen guten Blick aus deinem rauen Gesicht!« Der Soldat sagte zu. »Bis ich meinen neuen Herrn finde, kann ich hier aushelfen, und dann sehen wir weiter«, dachte er. So ging er tagein und tagaus durch den Fluss und trug die Leute, die

19

ihn darum baten, ans andere Ufer. Eines Tages kam ein Kind und bat ihn:»Bring mich rüber!«Wer ist leichter als ein Kind! Er packte es und setzte es sich auf die Schultern und ging los. Nur wurde das Kind mit jedem Schritt schwerer, er brach fast unter seiner Last zusammen. Und durchaus gewohnt, ohne Widerworte zu gehorchen, brach es doch endlich aus ihm heraus:»Ich kann nicht mehr! Wer bist du, ich kann die Last kaum tragen?« Das Kind antwortete:»Du hast deinen Schöpfer durch die Fluten getragen. Du hast ihn gesucht ohne ihn zu kennen.«Sprach's und war verschwunden, ehe sich der Soldat fassen konnte.

HAKUIN: Die Geschichte gefällt mir, gute Arbeit, die der Soldat da gemacht hat. Da taucht nur wieder eine Gestalt auf, die es eigentlich nicht braucht. Die Welt, so wie sie ist, braucht keinen Schöpfer in Gestalt eines Kindes, sie ist selbst der Schöpfer. Aber ich ahne dennoch, was die Geschichte sagen will. Während der Soldat seine Arbeit tut, konzentriert und aufmerksam, während er das Kind durch die Fluten trägt, erlangt er Erleuchtung. So könnte die Geschichte bei uns ausgehen. Aber ich begreife deutlich, wenn ich mit Ihnen zu tun habe, komme ich an Ihrem»Gott« nicht vorbei. Ich danke Ihnen, dass Sie mir die Legende von dem Soldaten erzählt haben. Sie haben recht, dass da eine Gemeinsamkeit besteht, denn auf Erleuchtung läuft meine Lebensgeschichte auch hinaus. Noch war es damals nicht so weit. Das Studium machte mir Freude, aber meine Vergangenheit ließ mich nicht los.

So beschloss ich eines Tages, mit Freunden eine Pilgerreise zu machen, die uns zu Baos Tempel führte. Von Bao habe ich einst geschrieben, dass er auch als »das Wilde Pferd von Mino« bekannt war und dass es von ihm hieß, er sei »von Natur aus hart und scharf wie ein Feuerstein, rau und rücksichtslos – einfach furchterregend. Er versprühte sein Gift an alle.«[16]

ECKHART: »Er versprühte sein Gift an alle«, wie kann ich das verstehen?«

HAKUIN: Gift vertilgt Unkraut, das Unkraut der verdrehten Gedanken und fantastischen Vorstellungen. Mönche, die so mutig waren, sich ihm anzuschließen und einige Zeit mit ihm lebten, machten sich kurz darauf auf und davon, ich blieb, übte Zazen, ich saß still und konzentrierte mich auf meinen Atem und verrichtete die täglichen Arbeiten. »Eines Tages hockte ich an einer Quelle und säuberte Rettich. Bao trat hinter mich und murmelte vor sich hin: ›Kranich, Kranich … die jungen Vögel fliegen hochmütig davon, nicht wahr.‹ Und, wie ich später schrieb, ›Von da an, durch dick und dünn hindurch, hatten wir zwei uns gefunden.‹«[17] Ich studierte Literatur, schrieb auch selbst Gedichte und fand und finde auch Anerkennung. Auch meine Tuschzeichnungen finden gute Resonanz, ich habe, glaube ich, einen guten Blick für die alltäglichen Dinge und die Menschen, so wie sie sind. Das hätte ich genießen können, ich hab es auch getan, der Zweifel aber nagte weiterhin in meinem Herzen. Und mir wurde eines Tages klar, dass auch eine Kunstfertigkeit, die die der größten Meister übersteigt, mich nicht davor bewahren würde, in den Flammen der Hölle zu leiden.

»Tieftraurig bedauerte ich die Situation, in der ich mich befand. Mein Blick landete zufällig am Ende der Veranda auf mehreren hundert alten Büchern, die dort auf einem alten Tisch zum Lüften ausgebreitet waren. In dem Augenblick, als ich sie entdeckte, stieg in mir eine unbeschreibliche Freude auf. Sofort zündete ich ein Räucherstäbchen an und rezitierte ein Sutra.«[18] In der innigen Hoffnung, alle Buddhas möchten mir den Weg zeigen, streckte ich meine Hand aus und pickte blind eins der Bücher heraus. »Ich hob es mehrere Male in Verehrung hoch und dann öffnete ich meine Augenlider. Ich hatte einen großen Schatz ausgewählt. Das Buch hatte den Titel: ›Die Schüler anspornen, durch die Zen-Schranke hindurchzugehen!‹ Fast außer mir vor Freude, öffnete ich es vorsichtig und überflog die großgedruckten Wörter auf der Seite vor mir.«[19] Was es heißen kann, durch die Zen-Schranke hindurchzugehen, erkläre ich Ihnen später noch.

Ich kehrte erst einmal zu Bao zurück, um mich von ihm zu verabschieden. Vor dem Aufbruch aber verbrannte ich alle mir lieb gewordenen Schriftproben, die Freunde mir geschenkt hatten, auf einer Steinplatte vor einem Grab. Auch diesen für mich so bedeutenden Augenblick habe ich in meinen Lebenserinnerungen festgehalten:»Ich sah so lange zu, bis alles von den Flammen vollkommen vernichtet war. Von da an machte ich die Schrift ›Die Schüler anspornen, durch die Zen-Schränke hindurch zu gehen‹ zu meinem Meister. Indem ich mich erneut meiner Übung zuwandte, begann ich, mich Tag und Nacht gnadenlos anzutreiben. Da fiel ich aufgrund der harten und beständigen Anwendung meiner Übung in ein schwarzes tiefes Loch.«[20] Ich nahm meine Umgebung nicht mehr wahr, auf dem Weg nach Hause hatte ich den Eindruck, dass die Straße und die Bäume und nicht ich und die anderen Mönche, die mit mir unterwegs waren, sich bewegen. Und ich enttäuschte auch meine Familie, da ich nicht in der Lage war, artikuliert zu sprechen.»Sie warfen mir vor, dass ich mich in unguter Weise verändert hätte, und beschimpften mich als einen ›komischen Vogel‹.«[21] Mein einziger Trost waren vergleichbare Berichte über meinen Zustand, und ich stellte fest, dass es mir genauso ging, wie es in den traditionellen Berichten über Erleuchtung dargestellt wird. Mein Leben war das eines Nomaden, ich war heimatlos unterwegs. Ich habe in verschiedenen Tempeln gelebt, habe darum gebeten, dort bleiben zu dürfen, oder ich wurde eingeladen zu kommen, zu unterrichten und Vorträge zu halten. Ich habe Sutren kommentiert oder die Schriften alter Meister erläutert. Das war ein so bewegtes Leben, dass ich später notierte: »Ich kann mich gar nicht mehr an all die Tempel, Klöster und Häuser der Laien erinnern, in denen ich war.«[22] Immer wieder aber habe ich mich auch in die Einsamkeit zurückgezogen, um ungestört üben zu können – auch um mich zu erholen von der Auseinandersetzung mit einer Unzahl von verantwortungslosen Priestern.

# Aus der gegenwärtigen Not verwirrt in den Bunker des Ich fliehen

HAKUIN: Die Lage ist desaströs. Ich denke an die große Zahl der Priester, »die Masse von blinden, unverantwortlichen Nichts-Könner-Priestern, die die Koan als unnötig und das Zen-Gespräch als hinreichend zweckdienliches Hilfsmittel eines Meisters betrachten. Auch wenn solche Menschen nicht ohne Verständnis sind, so stehen sie doch offensichtlich außerhalb des Tores, von wo aus sie vergeblich einen kurzen Blick ins Innere werfen.«[23] »Diese Leute sind wie Schnecken: In dem Augenblick, da sich irgendetwas nähert, ziehen sie ihre Fühler ein und verharren in Reglosigkeit. Oder wie lahme Schildkröten: Sie ziehen bei der leisesten Berührung Beine, Kopf und Schwanz ein und verstecken sich im Innern des Panzers. Wie kann aus einer solchen Einstellung irgendeine spirituelle Kraft hervorgehen?«[24] Ich sage ihnen immer: »Auch wenn ihr diese reglose Stille hochhaltet und bis ans Ende der Zeit verteidigen wollt, so bliebe doch immer nur das Bruchstück eines alten Sarges. (...) Und deshalb ermahne ich euch mit Nachdruck, alles zu tun, was ihr könnt, und euch mit all eurer Kraft anzustrengen, jene dunkle Höhle aufzubrechen und euch euren Weg hinaus in die Freiheit zu erkämpfen.«[25] Und an anderer Stelle habe ich dazu geschrieben: »Während wahre Himmelphönixe sich hungernd im Schatten herumdrücken müssen, beherrscht ein unausstehlicher Schwarm von Eulen und Raben, mollig und dickbäuchig, den Hühnerstall.«[26] Sie merken, Eckhart, ich kann nur schwer ein Ende finden, ich bin so enttäuscht und erbost über den Zustand meiner Kollegen. Und die Menschen bleiben allein, sie bleiben gefangen in der dualen Welt, sie sind nicht in der Lage zu tun, was sie wollen, sie suchen die Lebensfreude im Sake-Rausch und Zufriedenheit in vollen Reisbäuchen. An nichts anderem als an ihrem eigenen Wohlergehen sind sie interessiert, kleben weiter an ihren Gewohnheiten und können die Wirklichkeit nicht von den Konstrukten ihres Hirns unterscheiden. Phantomen jagen sie nach, hängen ihr Herz an ihre Gespinste und häufen so unendliches Leid in ihre und anderer Leute Herzen. »Sie gehen die lange Pilgerfahrt des menschlichen Lebens, als seien sie von Geburt an blind, umklammern ihren Wanderstab wie in Todesangst und weigern sich, sich auch nur einen Zoll breit vorwärts zu wagen, solange sie ihn nicht dabei haben, um sich auf ihn zu stützen.«[27]

Blind sind auch diejenigen, die eine erste Erleuchtung erfahren haben. Sie glauben, dass sie am Ziel sind, freuen sich an ihren wohligen Gefühlen und denken, sie hätten das Leben verstanden. Wie stolz war ich nach der ersten großen Erfahrung. Ich hatte sieben Tage gefastet und mich ganz auf meine Übungen konzentriert. »Ungefähr um Mitternacht der siebten und letzten Nacht meiner Übung drang der tiefe Klang einer Glocke eines weit entfernten Tempels an mein Ohr: Plötzlich waren mein Geist und mein Körper vollkommen abgefallen. Ich erhob mich und brüllte, überwältigt von unsäglicher Freude, so laut es meine Lungen hergaben: ›Der alte Yen-t´ou (ein bedeutender Priester) lebt und ist gesund!‹ Meine Schreie ließen einige Mitmönche aus den Mönchsquartieren zu mir eilen. Wir fassten uns an die Hände, und sie teilten mit mir die intensive Freude dieses Augenblicks. Danach jedoch wurde ich äußerst stolz und arrogant. Jeder, den ich traf, kam mir vor wie ein Lump

*Augenblick 1*  © *Werner*

oder Habenichts.«²⁸ Ich hatte noch nicht verstanden, dass das wahre Selbst ein selbstloses Selbst ist. Mein Selbst war noch nicht aufgebrochen, noch nicht in den Dialog gegangen, noch nicht absolut in Frage gestellt. Ich hatte noch nicht erfahren, dass Leben Bewegung ist. Und diejenigen, die einen Vorgeschmack des wahren Selbst bekommen haben, wollen das Leben festhalten und besitzen, deshalb sperren sie sich nur allzu oft gegen jede Weise der Bewegung.

ECKHART: Menschen sind Menschen, auch bei uns. Ich kenne ähnliche Tendenzen, wie Sie sie nennen: die Sorge um das eigene Wohlergehen, um kurzfristige Zufriedenheit oder die Macht der Gewohnheit. Mir fällt auf, wie unterschiedlich unsere Sprachspiele sind. Sie sind in eine andere Sprachwelt hineingeboren als ich.

Zunächst geht es ja um die Frage: Wovon wollen wir die Menschen befreien? Und in einem weiteren Schritt: Wie können sie ihrem Leben mehr Glanz verleihen? Und wie können sie stärker ihre Verbundenheit mit anderen erfahren?

Wenn es um Menschen im Nebel geht, dann denke ich dabei in erster Linie an Menschen, die draußen Orientierung suchen, außerhalb ihrer selbst. Sie schaffen sich Götzen, Vorbilder, denen sie nacheifern; das reicht so weit, dass sie vorgeben oder auch ehrlich meinen, den Willen Gottes zu erfüllen. Aber sie bleiben auch dann fremdbestimmt, holen sich von irgendwoher eine Information über den vermeintlichen Willen Gottes. Und dann glauben sie, sie wüssten, was Gott will. Sie meinen auch, dass sie, wenn sie die überlieferten Lehrsätze kennen, wissen, was richtig und falsch ist. Da schleudern sie dann ihre Sätze wie Lanzen. In der Finsternis stecken diejenigen, die vergessen, dass alles, was sie leisten, von Gott stammt. Stattdessen plustern sie sich auf und schmücken ihr Ego mit frommen Werken: mit Zeiten des Fastens, je extremer umso besser, und mit Zeiten des

Betens, je mühsamer umso erfolgversprechender, und zu guter Letzt auch noch mit Spenden an die Armen. Ihre Seelen sind Krämerseelen, sie glauben, mit Gott Geschäfte machen zu können: Ich gebe, dann bekomme ich. Sie haben die Hände voll. Was immer sie packen können, speichern sie. Ihre Scheunen, auch die inneren, sind vollgestopft mit Wissen, frommen Leistungen und irdischer Habe. Ich denke auch an die zahlreichen Nonnen und Mönche, die ständig auf der Suche sind nach weiteren lustvollen frommen Erfahrungen und eindrucksvollen Visionen. Ihr Gottesdienst ist ein Ich-Dienst und sie melken Gott wie eine Kuh.

»Drei Dinge sind es, die uns hindern, sodass wir das ewige Wort nicht hören. Das erste ist Körperlichkeit, das zweite Vielheit, das dritte ist Zeitlichkeit«[29], habe ich einmal in einer Predigt gesagt. Lassen Sie mich diese drei Begriffe kurz erläutern:

Sehen Sie die Körperlichkeit. Gottes Welt ist eine körperliche Welt, die sich in der Vielheit entfaltet und in der Zeit erstreckt, sie ist ein kostbares Geschenk. Zum Hindernis wird sie, wenn sie nicht mehr um ihre Herkunft weiß, wenn sie sich, statt sich als Kreatur zu wissen, absolut setzt und zum Inhalt allen Strebens und Arbeitens wird, wenn es nur um die Steigerung und Verfeinerung der sensuellen Wahrnehmung geht.

Mit Vielheit meine ich, das die Menschen im Vielerlei des Wissens, Tuns und Genießens das Eine vergessen, aus dem sie stammen und zu dem hin sie unterwegs sind. Sich versprühend verlieren sie sich in tausend Möglichkeiten, statt aus der Fülle des einen Tropfens zu leben, der sie sind.

Zeitlichkeit ist unsere Weise, in der Welt da zu sein. Und hier regelt die Zeit die Abläufe des Lebens. Unsere Welt und mit ihr die Zeit reichen aber an einen Horizont, und hinter dem Horizont öffnet sich ein unbegrenzte Weite, die die zeitbestimmte Welt in einem anderen Licht erscheinen lässt. Nehmen Menschen den Horizont, zu dem das Fenster der Welt sich öffnet, nicht wahr, dann sind sie arm dran. Die Zeit frisst dann ihre Kinder auf.

Nun haben wir uns redlich Mühe gegeben, die verschiedenen Sümpfe zu unterscheiden und zu benennen. Wie geht die Trockenlegung nun vonstatten, da haben wir schon einiges gehört. Wie sieht das neue Land dann aus?

HAKUIN: So unterschiedlich unsere Sprache auch ist, es gibt einen gemeinsamen Tenor. Sie sprechen bei aller Freude an Bildern doch abstrakter als ich. So ein Wort wie Körperlichkeit käme mir nicht über die Zunge. Da habe ich ein Bein und einen Arm, meine Augen und meine Ohren. Aber Körperlichkeit? Mir scheint, meine Ausdrucksweise ist auch derber, ich nehme Worte in den Mund, die Sie nur mit der Schippe wegtragen würden.

Gemeinsam scheint mir der Versuch, Menschen aus falschen Konzepten und verdrehten Vorstellungen zu lösen, sodass sie frei werden, zu entscheiden, wohin sie gehen wollen und andern auch beistehen können bei dem Versuch, sich aus Verstrickungen zu lösen. Das sind eher allgemeine Formulierungen, wir müssen da noch genauer werden. Und ich bin mir noch nicht sicher, ob Ihre Zielvorstellungen nicht bloße Konstrukte sind. Ihr Wunsch, zur Befreiung anderer beizutragen, kommt bei mir an, da spüre ich Sie, aber ich habe gehört, dass Sie von der Geburt Gottes im Menschen sprechen. Solch eine Formulierung ist mir doch fremd und sehr fern, sie klingt eher fantastisch.

Aber lassen Sie uns, bevor wir weitergehen, erst noch die Texte austauschen, die wir mitgebracht haben. Ich habe zum Beispiel einen Text über die Generation der jungen Mönche mitgebracht. Wenn Sie einverstanden sind, lese ich den einmal vor:

»Ich bin zutiefst betrübt über den jähen Niedergang, den die buddhistische Übung in den letzten Jahren erfahren hat, sowie über den traurigen Verfall des Dharma. Die Generation der jungen Mönche ist eine Horde von Schmarotzern, unverantwortliche und zügellose Rabauken. (...) Die altehrwürdigen Tempelvorschriften bedeuten für sie nicht mehr als einen Klumpen ausgetrockneten Schlamms. Sie schließen sich zu Gruppen zusammen und rennen rücksichtslos durch das Tempelgelände, streunen durch den Garten und die Gänge, schreien mit lauter Stimme hinüber und herüber und treiben sich singend und summend in Durchgängen herum. Sie achten nicht im Geringsten auf das, was ihre Vorgesetzten ihnen sagen. Mönchsälteste und Tempelmeister sind nicht imstande, sie im Zaum zu halten. Sie zerschneiden das Brunnenseil, mit dem der Eimer an der Wand festgemacht ist. Sie heben die Tempelglocke aus der Verankerung und stellen sie auf den Kopf. Sie werfen die große Tempeltrommel um. Wann immer sich ihnen die Möglichkeit bietet, schleichen sie sich aus dem Eingangstor davon. Heimlich wie Diebe stehlen sie sich nachts aufs Tempelgelände zurück, durch Öffnungen, die sie selbst in die Außenmauern geschlagen haben. Sie versammeln sich direkt vor der Haupthalle, tollen herum und singen schamlose Lieder, die sie in der Stadt aufgeschnappt haben. Sie schwärmen wie Ameisen über den Hügel hinter dem Tempel und stören andere mit ihrem wilden Händeklatschen und Herumgetobe. Sie stellen scharfe Sicheln in dunklen Korridoren auf, wo der Nichtsahnende in sie hineinlaufen muss. (...) Was seid ihr denn nun wirklich? Ich will es euch sagen: große Reissäcke, die man in schwarze Gewänder gesteckt hat!«[30]

ECKHART: Das ist eine deutliche Kritik. Die von mir mitgebrachten Texte über die Nonnen im Kloster sind ganz ähnlich: »Man muss klagen über gewisse Leute, die sich gar hoch und gar eins mit Gott dünken und sind dabei doch noch ganz und gar ungelassen und halten sich noch an geringfügige Dinge in Lieb und Leid. Diese sind weit entfernt von dem, was sie sich dünken. Sie streben nach viel und wollen ebenso viel. Ich sprach irgendwann: Wer das Nichts sucht, dass der das Nichts findet, wem kann er das klagen? Er fand, was er suchte. Wer irgendetwas sucht oder erstrebt, der sucht und erstrebt das Nichts, und wer um irgendetwas bittet, dem wird das Nichts zuteil.«[31]

Und in dem zweiten Text führe ich eine ähnliche Klage: »Ich sagte einst: Die Mägde folgen dem Lamme (Christus) nach, wohin es auch geht, unmittelbar.[32] Hier (in diesem Kloster) sind einige (wirklich) Mägde, andere aber sind hier nicht Mägde, die aber doch Mägde zu sein wähnen. Die die wahren Mägde sind, die folgen dem Lamm nach, wohin immer es geht, in Leid wie in Lieb. Manche folgen dem Lamm, wenn es in Süßigkeit und in Gemach (in ein wohl geordnetes Leben) geht, wenn es aber ins Leiden und in Ungemach und in Mühsal geht, so kehren sie um und folgen ihm nicht. Traun, sie sind *nicht* Mägde, was immer sie auch scheinen mögen. Etliche sagen: Je nun, Herr, ich kann wohl dahin gelangen in Ehre und in Reichtum und in Gemach. – Traun! Hat das Lamm *so* gelebt und ist es *so* vorangegangen, so vergönne ich's euch wohl, dass ihr ebenso nachfolgt; die rechten Mägde jedoch streifen dem Lamm nach durch Enge und Weite und wohin immer es streift.«[33]

# Üben als Ausweg

ECKHART: Ich habe den Eindruck, dass Sie für die Erneuerung des spirituellen Lebens vor allem auf die Zen-Übung setzen. Können Sie mir mehr von Ihren Übungen berichten, ich glaube, Übungen haben einen andern Stellenwert für Sie als für mich. Ich habe in meinem Umfeld auch mit Menschen zu tun, die mit radikalem Einsatz üben. Sie fasten, beten und verzichten auf Schlaf, einige schlagen sich sogar und fügen sich Schmerz zu. Ich stehe diesen Übungen sehr reserviert gegenüber. Menschen folgen, wenn sie das tun, ihren eigenen Vorstellungen, sie glauben, etwas leisten zu müssen, etwas bieten zu sollen, damit Gott sich ihnen zuwende. Dabei gibt es nichts zu bekommen, alles ist schon da. Die Beziehung zu Gott ist in meinen Augen kein Geschäftsverhältnis. Mensch zu sein, heißt für mich, durch und durch beschenkt zu sein. Wenn man etwas lernen soll, dann gibt es nur eine Lektion: die Annahme des Geschenks.

HAKUIN: Jetzt kommen wir auf löchrigen Boden. Ich weiß nicht, ob ich Sie richtig verstehe, aber ich habe mit Menschen zu tun, die ähnliche Thesen verbreiten. Dem Sinn nach sagen sie: »Höchstes Zen gehört keinem Bereich an, der durch menschliches Verstehen irgendeiner Art begriffen oder wahrgenommen werden kann. Es bedeutet nichts anderes, als einfach Buddha zu sein, so wie wir gerade sind – so wie ›Schalen aus einfachem, unlackiertem Holz‹. Wir nennen es den Zustand großer Freude und großen Friedens, die große Befreiung. Halte nur in deinem Geist alles Wünschen an und höre auf, den Dingen nachzujagen. Störe nicht die Ruhe durch Herumsuchen und Herumschnüffeln nach irgendetwas. Der Zustand des leeren Geistes, befreit von allen Gedanken, ist die vollständige und absolute Verwirklichung. Diese Menschen tun, entsprechend dem, was sie sich vorstellen, schlichtweg nichts. Sie beschäftigen sich mit keinerlei spiritueller Übung und entwickeln nicht die kleinste Spur von Weisheit. Sie verschwenden ihr Leben wie Dachse im Koma, die während ihrer Lebzeit faul dahindösen, und sie sind völlig nutzlos für ihre Mitmenschen (...) Scheißegal was kommt, glauben sie, indem sie denken: »Wir sind Buddhas so wie wir sind – einfache unlackierte Schalen.« Sie essen Tag für Tag Berge von Reis und entledigen sich dann von großen Haufen dampfender Kacke! Das ist das ganze Ergebnis ihrer Bemühungen. Nicht einer einzigen Person können sie zum Ufer der Befreiung verhelfen.«[34]

ECKHART: O ja, ich kenne auch solche Menschen. Sie suchen nur die eigene schnelle Zufriedenheit. Sie wollen schwelgen in frommen Gefühlen, sie träumen davon, sich von der Erde zu erheben und sie versuchen, Eindruck zu schinden, indem sie ihre Visionen schildern und ausmalen. In einer Predigt, die den Besuch Jesu bei den Schwestern Maria und Martha kommentiert, habe ich das so ausgedrückt:»Maria war so erfüllt von Verlangen, sie sehnte sich, ohne zu wissen, wonach, und wünschte, ohne zu wissen, was. Wir haben sie im Verdacht, die liebe Maria, dass sie irgendwie mehr um des wohligen Gefühls als um des geistigen Gewinns willen dagesessen habe. Deshalb sprach Martha: ›Herr, heiß sie aufstehen‹, denn sie fürchtete, dass sie (Maria) in diesem Wohlgefühl stecken bliebe und nicht weiterkäme (und nicht gediehe zu *tätigem* Wirken).«[35]
Andererseits könnten einige Sätze, die Sie vorhin zitierten, durchaus von mir sein. Ich greife meine Bitte nochmals auf: Welchen Stellenwert geben Sie Ihren Übungen und um welche Übungen handelt es sich?

HAKUIN: Die Frage lässt sich nicht in zwei, drei Sätzen beantworten. Vor allem dann, wenn das Ziel der Übung mitbedacht werden soll. Letzteres stelle ich darum zunächst einmal zurück.

Was und wie übe ich? Von außen sehen Sie einen Menschen mit verschränkten Beinen am Boden sitzen, vielleicht auf einer bequemen Matte. Er sitzt aufrecht da, hat die Hände unterhalb des Bauchnabels zusammengelegt und den Blick ruhig auf den Boden gerichtet. Die Aufmerksamkeit gilt dem Atem, der dabei hilft, die riesige Energie nach unten zu holen und im Reservoir, das sich unterhalb des Nabels befindet, zu speichern. So weit so gut. Da gibt es aber die Anhänger der »stillen Erleuchtung«, ich habe das schon angedeutet.»Sie machen aber nichts anderes als dazusitzen wie leblose Holzklötze. Was außerhalb von diesem Getue, denkst du, betrachten sie als ihre dringlichste Angelegenheit? Ja, sie schwätzen wichtigtuerisch, dass sie noble Männer seien, die überhaupt nichts tun müssen, da sie Buddha-Natur besäßen. Es wird noch dahin kommen, dass sie diese selbst proklamierte Rolle auch tatsächlich ausfüllen. Sie konsumieren Unmengen von gutem Reis. Sie verbringen Tag um Tag im Zustand des schlafenden Sitzens.«[36] Stattdessen sollten sie wach sein und sich mit ihrem Koan auseinandersetzen. Und wenn es zum Durchbruch durch das duale Denken gekommen ist, wenn jemand »das Haus von Geburt und Tod«[37] verlassen hat, dann sollte er nicht ruhen und nicht rasten, bis er weiteren Menschen geholfen hat, die Tür in die Wirklichkeit zu öffnen und zu durchschreiten.

Nun gibt es eine ganze Reihe von Begriffen, die Ihnen fremd sind. Ich kann sie nicht umgehen und hoffe, Ihnen vermitteln zu können, was damit gemeint ist, soweit das geht. Wir bewegen uns nämlich schlussendlich in einem Bereich, in den Sprache nur sehr begrenzt hineinragt.

ECKHART: Die Grenzen der Sprache erfahre auch ich immer wieder schmerzlich. Wir können uns später noch austauschen, wie wir mit dem Problem der Sprache umgehen. Jetzt möchte ich bei einem Punkt Ihrer Darlegungen anknüpfen, der nicht so brisant ist, aber hinreichend bedeutsam, um einige Zeit bei ihm zu verweilen. Ich meine das Verhältnis von Ruhe und Aktivität. Sie zitieren die stille Erleuchtung und die Auffassung, selbst nichts tun zu müssen. Sie haben deutlich erkennen lassen, dass Sie diese Ansicht sehr kritisch sehen und der Aktivität der Übung den Vorrang geben. In meinem Kulturkreis handelt es sich bei diesem Konflikt um das Verhältnis von Kontemplation und Aktion, von stiller Betrachtung und engagiertem Tun. Ich möchte nicht die ganze Geschichte dieses Verhältnisses entfalten, darüber wurde viel geschrieben, ich möchte meine Auffassung aber anhand eines biblischen Textes auseinanderfalten. Es geht um die Geschichte vom Besuch Jesu bei den beiden Schwestern Maria und Martha, von der eben schon einmal die Rede war. Der Erzähler, Lukas mit Namen, berichtet davon im zehnten Kapitel seines Evangeliums.

Kurz der Inhalt des Textes: Jesus ist zu Besuch. Martha, eine der Schwestern ist in der Küche beschäftigt und beschwert sich bei ihrem Gast, dass Maria, ihre Schwester sie allein arbeiten lasse und stattdessen zu Füßen des Gastes sitze und ihm zuhöre. Maria genieße die Zuwendung und den Zuspruch, sie, Martha, jedoch müsse arbeiten und gehe leer aus. Jesus antwortet ihr, Maria habe den besseren Teil gewählt, ihr komme, wenn ich das so sagen darf, die stille Erleuchtung zu und die solle ihr niemand wehren. Sie merken, ich bin mir unsicher, ob ich Ihre Terminologie auf den biblischen Text anwenden darf. Ich denke, es ist nicht zulässig. Die stille Erleuchtung wächst von innen, die Begegnung zwischen Jesus und Maria braucht ein Gegenüber zweier Personen. Was Sie jetzt interessieren dürfte, ist der Umstand, dass ich die Wertung der beiden Frauen genau gegensätzlich sehe. Nicht Maria hat den besseren Teil erwählt, wie Jesus sagt, sondern Martha. »Martha war so wesenhaft, dass ihr Wirken sie nicht behinderte, (ihr) Werk und Wirken führten sie (vielmehr) zur ewigen Seligkeit hin. (...) Als Maria (noch) zu Füßen unseres Herrn saß, da war sie (noch) nicht die (wahre) Maria, wohl war sie's dem Namen nach; sie war's aber (noch) nicht in ihrem Sein, denn sie saß (noch) im Wohlgefühl und in süßer Empfindung und war erst in die Schule genommen und *lernte leben.* Martha aber stand ganz wesenhaft da.«[38] Martha wusste zu leben, sie hat das nährende, sicher auch genussvolle Zusammensein mit Jesus hinter sich, sie ist zu sich gekommen und braucht die äußere Nähe Jesu nicht mehr. Sie ist so in sich gesammelt, dass sie nicht von den Dingen aufgefressen wird, sie geht nicht in den Notwendigkeiten des Alltags unter.

HAKUIN: Ja, da kommen wir uns ganz nahe. Von einer Säule des Übens habe ich schon gesprochen, vom Stillsitzen, das eine abgeschiedene Begegnung mit sich selbst ermöglicht. Die zweite Säule ist das Tätigwerden in der Welt, wir sprechen von *samu,* dem achtsamen Umgang mit sich im Tun. Martha, könnte man sagen, macht *samu.* – Leider stimmt das nicht so ganz. Ich war auf meinem Weg zu Ihnen bei einer befreundeten Familie eingeladen, die ein Bild besitzt, das den Besuch Jesu bei den Schwestern abbildet. Pieter Aertsen heißt der Maler.[39] Beim ersten Anblick war ich überwältigt von der Fülle köstlicher Früchte, zubereiteter Mahlzeiten und noch nicht gerupftem Federvieh. Mir lief das Wasser im Mund zusammen. Für jemanden, der beschlossen hat zu fasten, eine arge Herausforderung. Das Bild stellt Jesu Besuch bei Maria und Martha dar. Dem Geist Ihrer Umdeutung entsprechend, ist »Martha, mit Vorbereitungen des Essens beschäftigt, als Hauptfigur sehr groß in den Vordergrund gestellt, während Jesus als ›Gott‹ und Maria, die Jesus zuhörend im Zusammen-Sein mit ›Gott‹ aufgeht, in einer Ecke hinter Martha sehr klein gemalt zu sehen sind.«[40]

ECKHART: Ja, ich kenne das Bild. »Dass die Gestalt Jesu in einer Ecke hinter Martha so klein gemalt ist, weist darauf hin, dass es hier auf das ›Gott-Lassen‹ ankommt. ›Aufstehen aus der Vereinigung mit Gott und von Gott weg!‹ Martha hat Gott gelassen und ist zur Weltwirklichkeit zurückgekehrt. Jesus ist weit hinter ihr klein geworden. Martha arbeitet in der Küche. Das ist die Hauptsache, welche groß gemalt ist. Die Rückkehr zur Weltwirklichkeit ist aber für Martha zugleich der reale Vollzug des Durchbruchs durch Gott hindurch bis zum Grund, d. h. zum über-bildlich-bildlosen Wesen Gottes, zum Nichts der Gottheit; und in eins mit diesem Durchbruch vollzieht sich die Rückkehr Gottes zu seinem eigenen Grund, zum Nichts der Gottheit. Darin, dass in diesem Gemälde Jesus seine bildhafte Größe verliert und derart klein dargestellt wird, ist zum Ausdruck gebracht, dass Gott auf der Rückkehr ist zum Nichts der Gottheit; in gleichem Maße ist in diesem Gemälde zugleich das Nichts der Gottheit gegenwärtig, und zwar auch gerade in der Kleinheit der Gestalt Jesu. Das aber ist negativer Ausdruck für die Gegenwart der bildlosen Gottheit. Den positiven Ausdruck ihrer Gegenwart hat sie gerade in der Gestalt der Martha gefunden. Martha hat Gott verlassen: von Gott weg zum Nichts der Gottheit und in eins damit von Gott weg zur Weltwirklichkeit. Martha arbeitet in der Küche, d. h. sie ist eins mit dem bildlosen Nichts der Gottheit. In Martha und als Martha, wie sie in der Küche arbeitet, ist das Nichts der Gottheit gegenwärtig. Martha ist aber nicht Gott, wie Jesus es ist. Gerade ›Nicht-Gott‹ ist in Martha gegenwärtig. In gleichem Maße, da Jesus, menschgewordener Gott, klein dargestellt wird, wird zum Ausdruck gebracht, dass das Nichts, der Grund Gottes, in Martha Mensch wird.«[41]

40

HAKUIN: Der Unterschied zwischen Ihrem und unserem Verständnis würde deutlich, wenn das Bild in einem Zen-Kloster gemalt worden wäre. Bei uns würde diese kleine Szene im Hintergrund fehlen. Entschuldigen Sie, aber wir benötigen nicht die Abbildung Jesu um zu signalisieren, dass hier in der Erscheinung der Früchte dieser Welt und der Menschen sich das wahre Selbst zeigt.

ECKHART: Ich glaube, ich verstehe, was Sie meinen. Sie brauchen nicht die Signale, die durch bestimmte Figuren und Geschichten ausgesendet werden. Wir wachsen mit ihnen auf, sie sind quasi die Muttermilch, mit der wir groß werden. Irgendwann treten sie dann auch mehr in den Hintergrund. Vom auferstandenen Jesus wird mehrfach berichtet, wie er von den Jüngern und Jüngerinnen Abschied nimmt. Im Matthäusevangelium sagt der Engel zu den Frauen am leeren Grab: »Er geht euch nach Galiläa voraus, dort werdet ihr ihn sehen.«[42] Und auf dem Rückweg vom Grab begegnet den Frauen Jesus selbst und trägt ihnen auf: »Geht und sagt meinen Brüdern, sie sollen nach Galiläa gehen und dort werden sie mich sehen.«[43] Galiläa ist die Landschaft, in der die Jüngerinnen und Jünger gelebt und gearbeitet haben. Insofern verweisen die Worte des Engels und Jesu auf den irdischen Alltag. Vergleichbares ereignet sich in der Himmelfahrtsgeschichte, wie sie in der Apostelgeschichte geschildert wird. Ein Engel kommt und fragt: »Was steht ihr und schaut zum Himmel empor?«[44] Implizit steckt auch in diesen Worten die Aufforderung: »Richtet die Augen auf die Erde, seht die Welt, wie sie ist, und gebt ihr, was sie braucht, nehmt euch, was ihr braucht. Mein Geist ist in euch. Das ist die Frucht des Abschieds: mein Geist in euch und die Hinwendung zur Welt.« Vorhin haben Sie ja schon darauf aufmerksam gemacht, dass es für Sie keinen Schöpfer braucht, um die Kostbarkeit der Welt zu begreifen. Ganz spontan entsteht in mir ein »Ja, so ist es«, wenn ich Ihnen zuhöre. Es braucht keine Zutat, keine zusätzliche Wertsteigerung, was ist, ist die Fülle. Vielleicht können Sie die Geschichten, die wir erzählen, die Geschichten von der Erschaffung der Welt, von der Führung Gottes durch die Wüste oder von der Gottesgeburt im Menschen als Entfaltung dieses »Ist« sehen. Je nachdem, von welcher Seite aus ich es betrachte, zeigen sich andere Seiten. Ein Aspekt wird in all den Geschichten besonders deutlich, das »So ist es« ist ein Sein in Beziehung. Schöpfer *und* Welt, Seele *und* Gott, ich *und* du, Sein *und* Nichts. Sie sind aufeinander bezogen, und in diesem Aufeinander-bezogen-Sein sind sie eins. Ich glaube, es ist an der Zeit, Ihnen auseinanderzulegen, wie ich den Begriff »Gott« verwende.

HAKUIN: Ja, gerne. Ich merke, wenn ich Ihnen zuhöre, formt sich in mir eine Art von Zustimmung, die ich nicht in Begriffen deutlich machen kann. Ich kann Ihre Sicht gut neben meiner stehen lassen und fühle mich Ihnen gleichzeitig fremd und nah.

ECKHART: Das freut mich sehr, wir sollten ja auch noch darüber nachdenken, was ein Vergleich unser beider Auffassungen eigentlich beabsichtigt. Dafür haben wir noch Zeit. Ich schlage vor, wir machen jetzt eine Pause und lassen uns und was wir ausgetauscht haben, zur Ruhe kommen und in uns nachklingen. Austauschen wollten wir ja von Zeit zu Zeit auch Texte, die wir mitgebracht haben. Ich sehe, Sie haben noch eine Passage aus Ihrer Autobiografie ausgewählt?

HAKUIN: So ist es. Und zwar ein Beispiel der Zen-Übung, ein außergewöhnliches Beispiel, wie mir scheint. Für uns ist auch die Rede vom Nichts-Tun, bzw. Nicht-Tun im Tun wichtig. Ich möchte das hier im Augenblick nur erwähnen. Sie möchten eine Pause. Sitzen wir doch für ein paar Minuten still.

...

Und nun die eben angekündigte Beschreibung der Zen-Übung:

»Vor Jahren besuchte Landesmeister Gudo, nachdem er seine Pilgerreise durch das ganze Land beendet hatte, Yozan Roshi von der Shotaku-Linie des Myoshin-ji. Während seines Dialogs mit Yozan fühlte sich Gudo eingeschränkt und befangen. Yozan schmähte ihn ärgerlich und bombardierte ihn mit schimpfendem Schreien. Wütend über sich selbst wegen seines unerwarteten Mangels an eigener Freiheit schlich Gudo fort in die Berge hinter dem Tempel. Er entdeckte einen großen Felsen und ließ sich dort nieder, um bis zur Auflösung seiner Unfreiheit todesmutig dort zu sitzen. Schwärme von Moskitos umschwirrten ihn, lenkten ihn ab und behinderten ihn, sein Ziel zu verfolgen. Er zog seine Kleidungsstücke aus und setzte splitternackt standhaft seine Übung des Zazen fort. Moskitos von allen Teilen des Berges ließen sich jetzt in großen schwarzen Wolken auf ihm nieder. Sie durchbohrten seine Haut, sie saugten sein Blut und unterwarfen ihn unzähligen Qualen. Aber er streckte sein Rückgrat aufrecht wie einen Firstbalken und saß weiter mit noch größerer Entschlossenheit. Es war, als würde eine Person gegen zehntausend kämpfen. Plötzlich, ohne Vorwarnung, starb er den Großen Tod, sein Körper und sein Geist waren vollkommen abgefallen. Er hatte die große Befreiung erlangt. Als die Dämmerung einsetzte und er seine Augen öffnete, sah er, dass sein Körper von Moskitos überdeckt war, sie waren so zahlreich und dick voll Blut, dass er die Farbe seiner Haut unter ihnen nicht mehr sehen konnte. Er fing an, sie langsam und ruhig abzubürsten. Sie fielen auf den Boden und lagen um ihn herum wie ein dicker Teppich aus purpurroten Kirschen.

Außer sich vor Freude stampfte er mit den Füßen auf und schwang seine Arme in einem wilden, alles erfassenden Tanz. Er kehrte zu Yozan zurück und erstattete ihm einen ausführlichen Bericht über die Verwirklichung, die er erreicht hatte. Der Meister teilte mit Gudo die intensive Freude des Augenblicks, gab ihm zärtlich einen Klaps auf den Rücken und bestätigte ihm das Erlangen des Buddha-Dharmas.

In späteren Jahren diente Gudo als Abt in zahlreichen Tempeln, auch im Shoden-ji und Daisen-ji, und er schürte kräftig das wahre Feuer der Zen-Schule. Er war ein einsamer Gipfel, der abrupt seine Zeitgenossen überragte. Herausragende Mönche in großer Zahl entstammten seiner Schmiede. Besonders einer war dabei, ein berühmter Sohn des Zen, der sogar seinen berühmten Vater in den Schatten stellte. Sein Name: Shido Munan Anju. Munan brachte drei Dharma-Söhne als Nachfolger hervor: Dokyo Etan Rokan von der Shoju-an-Einsiedelei in Iiyama in der Provinz Shinano, Tetsuzui Osho vom Zenkai-ji in Matsuzaki in der Provinz Izu und Chomon Osho vom Bodaiju-in in Sumpu.

Ein tugendhafter Mann sagte vor langer Zeit, dass ›die mühsamen Kämpfe, denen sich die Ehrwürdigen der Vergangenheit unterzogen, einen Glanz ausstrahlten, der unzweifelhaft wachsen und gedeihen wird‹. Wahrlich, dieser tugendhafte Mann sagte Worte von unbestreitbarer Wahrheit! Wie sonst hätte Landesmeister Gudo die großen und wunderbaren Leistungen vollbringen können, wenn er nicht den giftigen Zähnen jener blutdürstigen Insekten ausgeliefert gewesen wäre? Oder wie sonst hätte er die vielen Tempel und Übungshallen eröffnen können?

Wenn dieser harte Kampf der Ich-Überwindung, in welchen all jene der Vergangenheit verwickelt waren, richtig ist, dann verfehlen die verdorrten ›Nichts-Tun-Sitzenden‹ der heutigen Zeit mit ihrer ›schweigenden Erleuchtung‹ und mit ihrem ›großer Friede und Freude‹ die heilsamen Erkenntnisse vollkommen.«[45]

ECKHART: Meinerseits gibt es Auszüge aus einer meiner Predigten, die die Beziehung der beiden Schwestern Martha und Maria zu Jesus thematisieren: »Sankt Lukas schreibt im Evangelium, dass unser Herr Jesus Christus in ein kleines Städtlein ging; dort nahm ihn eine auf, die hieß Martha; die hatte eine Schwester, die hieß Maria; die saß zu den Füßen unseres Herrn und hörte auf seine Worte; Martha aber ging umher und diente dem lieben Christus.

Drei Dinge ließen Maria zu den Füßen Christi sitzen. Das eine war (dies), dass die Güte Gottes ihre Seele umfangen hatte. Das zweite war ein unaussprechliches Verlangen: Sie sehnte sich und wusste nicht, wonach, und wünschte, ohne zu wissen, was. Das dritte war der süße Trost und die Beglückung, die sie aus den ewigen Worten schöpfte, die da aus dem Munde Christi rannen.«[46]

Etwas später nehme ich in meiner Predigt dann auf Martha Bezug: »Auch Martha trieben drei Dinge, die sie umhergehen und dem lieben Christus dienen ließen. Das eine war ein gereiftes Alter und ein bis ins Alleräußerste durchgeübter (Seins-)Grund; deshalb dünkte sie, dass niemandem das Tätigsein so gut anstünde wie ihr. Das zweite war eine weise Besonnenheit, die das äußere Werk recht auszurichten wusste auf das Allerhöchste, das die Liebe gebietet. Das dritte war die hohe Würde des lieben Gastes.«[47]

Und noch etwas später wende ich mich in meiner Predigt dann wieder Maria zu: »Maria war so erfüllt von Verlangen, sie sehnte sich, ohne zu wissen, wonach, und wünschte, ohne zu wissen, was. Wir haben sie im Verdacht, die liebe Maria, dass sie irgendwie mehr um des wohligen Gefühls als um des geistigen Gewinns willen dagesessen habe. Deshalb sprach Martha: ›Herr, heiß sie aufstehen‹, denn sie fürchtete, dass sie (Maria) in diesem Wohlgefühl stecken bliebe und nicht weiterkäme (und nicht gediehe zu tätigem Wirken). Da antwortete ihr Christus und sprach: ›Martha, Martha, du bist sorgsam, du kümmerst

45

dich um vieles. Eines ist not! Maria hat den besten Teil erwählt, der ihr nimmermehr genommen werden kann.‹[48] Dieses Wort sprach Christus zu Martha nicht in tadelnder Weise; vielmehr gab er ihr (lediglich) einen Bescheid und gab ihr die Vertröstung, dass Maria (noch) werden würde, wie sie's wünschte.«[49]

So, das ist also der Text, den ich Ihnen noch vorlesen wollte. Wir sprachen über die Bedeutung von Übungen auf dem Weg. Wie ich weiß, ist die Arbeit mit einem Koan für Sie eine besonders wichtige Übung. Können Sie mir erklären, wie die Arbeit mit einem Koan vor sich geht, zunächst einmal: Was ist ein Koan?

# Koan, der reine Wahnsinn

HAKUIN: Bevor ich Ihnen Details erzähle, möchte ich mit einem Gedicht antworten, das ich im Zusammenhang mit einer Übungsphase im Winter geschrieben habe. Aber zunächst einmal heißen wir herzlich die Nonne willkommen, die inzwischen zu uns gestoßen ist. Ich habe damals nicht nur ein Gedicht geschrieben, sondern auch ein paar Sätze zu der Situation, in der dieses entstanden ist, notiert. Beides lese ich Ihnen nun vor: »Eines Nachts bedeckte ein schwerer Schneefall die Umgebung. Das dumpfe, gedämpfte Aufschlagen von Schnee, der von den Ästen der Bäume herabfiel, rief eine Wahrnehmung von außergewöhnlicher Stille und Reinheit hervor. Der Versuch eines Gedichts, um die Freude auszudrücken, die ich empfand, lautet:

> Wenn du nur hören könntest
> Den Ton des Schnees,
> der spät in der Nacht fällt
> von den Bäumen
> des alten Tempels
> in Shinoda!«[50]

Gut ist ein Koan, wenn es sich selbst verschließt und gleichzeitig doch so attraktiv ist, dass man es nicht weglegt und sich scheinbar oder wirklich verständlichen Texten zuwendet – oder in der geistigen Stille Ruhe und Genuss sucht. Hier geht es darum, nicht nachzulassen, sondern den Ton des fallenden Schnees hören zu wollen und verstehen zu wollen, was damit gemeint ist. Zunächst ist die Beschäftigung angenehm, man genießt vielleicht die Idylle des Tempels, seine alten Bäume spät in der Nacht. Man betrachtet das Bild, man kann auch vieles erforschen über Shinoda. Dann beginnt jedoch ein Ringen mit dem Koan, denn es verschließt sich und hält den Betrachter in seinen Vorstellungen gefangen. Dieses Ringen geht durch alle Phasen, die auch eine zwischenmenschliche Beziehung hat. Ich hatte einmal Besuch von einem jüdischen Rabbi, der mir von dem Kampf Jakobs mit dem Unbekannten am Jabbok erzählt hat. Der Satz »Ich lasse dich nicht, es sei denn du segnest mich« gefällt mir und passt hierhin. Wobei es bei der Auseinandersetzung mit dem Koan um alles und nichts geht. Vielleicht ist das ja bei dem Segen auch so, das kann ich nicht beurteilen. Von einem Segen zu sprechen, ist mir fremd, da sind wieder zwei, jemand der segnet und jemand, der oder die gesegnet wird. Die Beschäftigung mit dem Koan treibt die Übenden durch die Zone der beglückende Stille hindurch und ebenso durch das Land des Zweifels und der Sinnlosigkeit. Am Ende des Weges kann ein Zustand stehen, in dem es kein denkendes Subjekt mehr gibt, das eine Aufgabe lösen will und mit dem Schwert der Unterscheidung kämpft. Wir sprechen von *kensho*, am Ende ist *kensho*. Die Ergebung des Übenden geht mit seinem Einssein mit dem Koan einher.

NONNE: Ich habe einen Text mitgebracht, der sich auf westliche Art, genauer gesagt, auf die im Westen vorherrschende Art mit einem Ihrer Koans, Hakuin, beschäftigt und auch den Umgang mit ihm analysiert. Toshihiko Izutsu ist der Name des Autors. Außerdem gibt es ja, Gott sei Dank, auch Denker, die nicht nur analysierend mit Texten umgehen. Isutzu unterscheidet eine erste und eine zweite Dimension, in der die Auseinandersetzung mit einem Koan stattfinden kann. Die erste betrachtet den Koan als einen bedeutungsvollen Text, der mit allen rationalen Mitteln der Interpretation analysiert und aufgeschlossen werden will. Die Bedeutung des Textes kann vom unterscheidenden Intellekt herausgearbeitet werden. In der zweiten Dimension hat der Text die Aufgabe, den Meditierenden in eine Sackgasse und existenzielle Spannung zu führen, die nur durch einen Durchbruch in eine andere Dimension gelöst werden kann. Isutzu schreibt:

»Wir wollen versuchen, noch ein anderes Koan zu interpretieren, wohlverstanden auch diesmal auf der ›ersten Dimension‹, und damit eine etwas andersartige Form der Zen-Metaphysik illustrieren. Das Koan besteht aus einem einzigen und imperativen Satz: ›Hört den Klang einer klatschenden Hand!‹ (...) Das Koan, welches weitgehend als ›Skishu‹ (›Eine Hand‹) des Meisters Hakuin bekannt ist, erwies sich als so wirkungsvoll in den Zen-Übungen, dass es in Japan beinahe so berühmt wurde wie Joshus Mu! (Nein, Nichts !).[51]

Hakuin fordert seine Schüler auf, den Klang einer klatschenden Hand zu hören. Ein Ton entsteht, wenn man in die Hände klatscht. Welches ist der Klang des Klatschens einer Hand? Unter normalen Umständen wäre dies nichts als eine sinnlose Frage. Wie im Falle der Zypressen[52] verbirgt auch dieses Koan eine versteckte metaphysische Bedeutung, die sich dem Intellekt auf der ›ersten Dimension‹ erschließen wird. (...) Die »Klang-Natur«, die in diesem Fall als der Klang einer einzigen klatschenden Hand beschrieben wird, befindet sich überall, bereit, sich zu jeder Zeit als empirisch hörbarer Klang zu aktualisieren, wo immer und wann immer jemand bereit ist, in zwei Hände zu klatschen. Zen geht noch weiter, indem es behauptet, der Geist würde diesen Klang hören, bevor er empirisch aktualisiert wäre, selbst im Stadium der einen klatschenden Hand. So begegnen wir in dem ›Klang einer klatschenden Hand‹ oder in der ›Klang-Natur‹ wieder dem Undifferenzierten in seiner besonderen ontologischen Neigung zur Aktualisierung als physikalisch hörbarer Klang. Zen besteht in dem ›Hineinsehen‹ in die ›Klang-Natur‹ genau in dem Moment, wo sich diese bewegt und ihre innere Neigung zur Artikulation enthüllt. Dies ist, was mit dem Klang der einen klatschenden Hand gemeint ist. Es sei bemerkt, dass, wenn zwei Hände ineinander klatschen, die Artikulation schon stattgefunden hat und sich die ›Klang-Natur‹ hinter dem physikalisch hörbaren Klang versteckt. Zu dieser Situation bemerkt Meister Bankei, ein eminenter japanischer Zen-Meister, hinsichtlich des Klanges einer Tempelglocke, bevor sie erklingt: o o o o

Höre, eine Glocke erklingt; du kannst den Klang hören. (Eigentlich) bist du dir dauernd und ununterbrochen des Klanges der Glocke bewusst, bevor sie geschlagen wird und bevor der Klang hörbar ist. Die durchsichtige Bewusstheit des Klanges der Glocke, bevor diese geschlagen wird – das ist, was ich den ungeborenen Buddha-Geist nenne. Wenn man sich des Klanges bewusst wird, erst nachdem die Glocke erklang, dann folgt man nur der Spur dessen, was schon stattgefunden hat. Dann bist du schon in eine zweitrangige Position verfallen (das heißt, du befindest dich nicht länger in der vorrangigen Position des Undifferenzierten).

Das reine, absolute Subjekt – der ›ungeborene Buddha-Geist‹ des Bankei – bleibt immer wach und hört unaufhörlich den Klang der Glocke. Deswegen werden wir uns, sowie die Glocke geschlagen wird, unmittelbar, das heißt ohne Zögern, des Klanges als des Klanges einer Glocke bewusst. Es gibt keinen Platz für Überlegung. Und vom Zen-Standpunkt aus ist das absolute Subjekt in einem solchen Kontext völlig identisch mit dem Klang (oder der ›Klang-Natur‹); das absolute Subjekt ist dieser Klang.

Diese und ähnliche Interpretationen gehören jedoch zu der ›ersten Dimension‹ des Koan. Sie sind für Zen nebensächlich. Wir können natürlich nicht einfach diese Dimension des intellektuellen Verstehens verneinen. Vom methodischen Standpunkt der Zen-Meister aus können und müssen alle intellektuellen Interpretationen als unwichtig, zwecklos und schädigend angesehen werden. Indem man nämlich ein vollkommenes intellektuelles Verständnis des Koan erhält, erreicht man nichts Bedeutendes. Das Koan ist nämlich gerade von der Art, dass man sich umso weiter von dem eigentlichen Geist entfernt, je tiefer man in dieses intellektuelle Verständnis eindringt. Das unmittelbare Erfassen des Koans ist jedoch die einzige Aufgabe der Zen-Lehre. Deswegen stellt für Zen jedes Verständnis des Koans durch den Intellekt, egal wie tief und exakt es auch sei, nur ein Hindernis dar für den, der den Weg der Zen-Lehre beschreiten will. Es muss festgehalten werden, dass die Zurückweisung jeglichen intellektuellen Verständnisses des Koans im Zen absolut und kompromisslos ist. Die intellektuelle Haltung des Verstehenwollens eines Koans ist genau das, was wir verhindern und ausschließen müssen. Denn das Stadium, in dem der Intellekt so funktioniert, muss unbedingt überwunden werden. Dies ist der Grund, warum Zen jegliches ›Philosophieren‹ abweist. Es mag glücken, ein System tiefgreifender Philosophie auf der Basis intellektueller Interpretation der Koans zu errichten, man wird sich dann aber immer noch im Stadium des diskriminierenden Intellekts befinden; es wird nichts erreicht worden sein bezüglich der völligen Verwandlung des Menschen auf dem Wege zur unmittelbaren Erfassung des Undifferenzierten, dem eigentlichen und einzigen Interesse des Zen.«[53]

Izutsu spricht auf »westliche« Weise von einem Weg zur unmittelbaren Erfassung des Undifferenzierten. So gibt es dort ein Ziel, das man erreichen kann, eine formulierte Einsicht. Da besteht die Gefahr, ein Etwas zu erzeugen, das definiert begriffen wird. Er bezieht sich dabei auf Sie, Meister Hakuin. Anders ist es bei Ihnen, Meister Eckhart. Sie versuchen, der Verdinglichung zu entgehen, und finden daher eine andere Redeweise.

ECKHART: Zumindest habe ich es versucht. Zum Beispiel in einer meiner Predigten, aus der ich ein Stück vorlesen möchte: »Als ich (noch) in meiner ersten Ursache stand, da hatte ich keinen Gott und da war ich Ursache meiner selbst; da wollte ich nichts und begehrte ich nichts, denn ich war ein lediges Sein und ein Erkennen meiner selbst im Genuss der Wahrheit. Da wollte ich mich selbst und wollte nichts sonst; was ich wollte, das war ich, und was ich war, das wollte ich, und hier stand ich Gottes und aller Dinge ledig. Als ich aber aus freiem Willensentschluss ausging und mein geschaffenes Sein empfing, da hatte ich einen Gott; denn ehe die Kreaturen waren, war Gott (noch) nicht ›Gott‹: er war vielmehr, was er war. Als die Kreaturen aber wurden und sie ihr geschaffenes Sein empfingen, da war Gott nicht in sich selber ›Gott‹, sondern in den Kreaturen war er ›Gott‹.

Nun sagen wir, dass Gott, soweit er (lediglich) ›Gott‹ ist, nicht das höchste Ziel der Kreatur ist, denn *so* hohen Seinsrang hat (auch) die geringste Kreatur *in* Gott. Und wäre es so, dass eine Fliege Vernunft hätte und auf dem Wege der Vernunft den ewigen Abgrund göttlichen Seins, aus dem sie gekommen ist, zu suchen vermöchte, so würden wir sagen, dass Gott mit alledem, was er als ›Gott‹ ist, nicht (einmal) dieser Fliege Erfüllung und Genügen zu schaffen vermöchte. Darum bitten wir Gott, dass wir ›Gottes‹ ledig werden und dass wir die Wahrheit dort erfassen und ewiglich genießen, wo die obersten Engel und die Fliege und die Seele gleich sind, dort, wo ich stand und wollte, was ich war, und war, was ich wollte. So denn sagen wir: Soll der

Mensch arm sein an Willen, so muss er so wenig wollen und begehren, wie er wollte und begehrte, als er (noch) nicht war. Und in *dieser* Weise ist der Mensch arm, der nichts *will*.«[54]

NONNE: Die Übung des Umgangs mit einem Koan sagt mir sehr zu. Ich stelle mir vor, wie es wäre, Theologiestudenten durch diese Schulung gehen zu lassen. Der eigentliche Koan aber, scheint mir, ist das Leben selbst, seine rational nicht lösbaren Herausforderungen. Wenn Sie da durchgehen, passieren Sie auch Himmel und Hölle, da bleibt kein Stein auf dem andern. Ich denke auch an Ehepaare, die zusammenbleiben, »bis dass der Tod sie scheidet«. Da sind Mann und Frau sich gegenseitig ein Koan. Oder der Umgang mit einem behinderten Kind. Mit diesem Kind, mit seinem Dasein im selben Zimmer umzugehen, ist ein Ringen mit einem Koan, das dieses Kind ist. In unserer religiösen Tradition gibt es, das wird mir jetzt deutlich, auch koanartige Formulierungen, an denen wir uns die Zähne ausbeißen, etwa wenn es von Jesus heißt, er sei wahrer Gott und wahrer Mensch. Auch die Rede vom dreieinen Gott oder vom Tod als dem Tor zum Leben.

ECKHART: Wir haben schon öfter die Frage nach dem Ziel der Übungen gestreift, Sie sprachen zuletzt von *kensho*. Wir wissen beide, wie heikel eine sprachliche Fassung des Zieles ist, wie wir eher sagen können, was es nicht ist, als dass wir begrifflich vermitteln können, worum es geht.

HAKUIN: Sicher ist eine sprachliche Fixierung dessen, was Erleuchtung meint, auf dem Boden der Logik schwierig und in meinen Augen eigentlich nicht möglich. Trotzdem muss man sich an eine solche heranwagen. Die Patriarchen haben in unserer Tradition immer wieder recht kurze Antworten gegeben, denen gemeinsam ist, dass sie das duale

System von falsch und richtig, von Ja und Nein und wie die Gegensätze alle heißen, stören, aufheben oder durchbrechen, ja, sie haben den Fragehorizont durchstoßen. Auf die Frage nach dem Ziel der Übung nochmals mein Gedicht:

»Wenn du nur hören könntest
Den Ton des Schnees,
der spät in der Nacht fällt
von den Bäumen
des alten Tempels
in Shinoda!«

In Ihrer Sprache, die mir langsam wie ein Vorhang erscheint, der die Wirklichkeit zeigt und im selben Atemzug verbirgt, kommt man aus Ihrer Sicht, Eckhart, sicher nicht an dem Wort »Gott« vorbei, wenn man das Ziel des Übens, das Ziel des Lebens, in Worten zu formulieren versucht.

# Gott, ein Büffel?

ECKHART: Wir haben versucht, eine Antwort zu finden auf die Fragen: Wer oder was ist da im Dunkeln und wartet auf Erleuchtung? Wer oder was ist erlösungsbedürftig? Wovon möchten Menschen erlöst werden, welche Nebel sollen vertrieben werden? Worin besteht die Entfremdung des Menschen von sich und von der Welt? Wir haben die Bedeutung von Übungen erörtert und nähern uns jetzt der Frage nach dem Ziel des Übens.

Sie, Hakuin, sprechen vom Hören, vom Sterben des großen Todes, vom Erlangen des Buddha-Dharmas, der Verwirklichung und von der großen Freude. Darauf sollten wir unsere Aufmerksamkeit richten. Ich bitte Sie, mir diese Begriffe später, soweit das möglich ist, ausführlich zu erläutern.

Aber zunächst greife ich Ihre Anregung auf. Ich möchte zu erklären versuchen, was ich meine, wenn ich das Wort »Gott« verwende – auch hier gilt: soweit das möglich ist. Wie kann ich Ihnen am besten von Gott sprechen? Er ist das Ziel des Weges, der Weg selbst.

Sie haben ja zu Beginn unseres Gesprächs vom Kitano-Schrein gesprochen, von der Büffel-Gottheit. Ich denke, das ist ein guter Einstieg. In meinen Ohren klingt es zunächst etwas befremdlich, im Zusammenhang mit Gott an einen Büffel zu denken. Ich habe in meinem Alltag nicht mit Büffeln zu tun, aber mit meinem Esel, der mich auf meinen langen Wanderungen begleitet. Von ihm habe ich schon manches gelernt. Ab und zu nehme ich nämlich einen Blick dieses Tieres auf, der mich durch und durch trifft. Da habe ich den Eindruck, dies Tier weiß alles, es kennt mich besser als ich mich selbst. Das gilt für einen Moment, dann aber macht mein Esel mich wieder ratlos, wenn er bockt und nicht von der Stelle will.

Die Menschen der Vorzeit hatten ähnliche, oft noch gewaltigere Begegnungen, mit Tieren, Menschen, Naturgewalten, auch mit kleinen zarten Regungen der Natur. Menschen begegneten dem Fremden, sie waren getroffen, in gewisser Weise auch verwundet oder überwältigt, und sie gaben den einzelnen Erscheinungen verschiedene Namen: Totem, Geist, Dämon, Gott. Sie wollten sich an diese Begegnungen erinnern und mit ihnen umgehen. Manche waren so wichtig, dass sie sie festhalten wollten. Ich denke, diese Zeit kennen Sie in Japan, ähnlich wie wir sie in Europa kennen. Die Erfahrungen haben ja in zahlreichen Bildern und Geschichten vor allem der Shinto-Religion ihren Niederschlag gefunden. In Europa ist die Kultur des antiken Griechenlands ein beredtes Beispiel für die Erfahrung, dass die Natur außerordentliche Qualität besitzt. Dem offenherzigen und empfangsbereiten Griechen kam aus jedem Baum eine göttliche Gestalt entgegen, jedes Tier war eine Weise des Göttlichen. So öffneten sich die Frauen angesichts der Getreideernte der Göttin der Tiefe, die sich immer wieder im Wachstum zeigte und auch sie selbst fruchtbar sein ließ. Irrigerweise denken Menschen, dass die Vergöttlichung, wie das Wort schon sagt, eine bloße Etikettierung von außen sei. Sie übersehen dabei, dass etwa der Ölbaum von sich aus aktiv ist und in die Erscheinung tritt, er geht auf den Menschen zu, der Mensch empfängt, und wenn die Stunde günstig ist, erfährt der Mensch sich im Dialog mit dem Baum oder auch als Baum-Mensch-Einheit; ein überwältigendes Erlebnis. Will man dieses Erlebnis benennen, dann kommt es vielleicht zu der Formulierung, der Ölbaum sei göttlich. So zu sprechen, ist eine Notlösung, gewiss. Sie stammt aus der Not, nicht in Worte fassen zu können, was sich ereignet hat, und wenn die Erfahrung ein Wort gefunden und gewählt hat, schafft sie eine neue Not. Die Erfahrung wird nämlich durch die Benennung in die Enge geführt, wird in einen Wortkäfig gesperrt. Was allumfassend und weit und offen ist, wird eingeengt in das Feld, das zu dem Wort gehört und das begrenzt ist. Am Ende liegen lauter Wortkäfige in der Landschaft. Was in ihnen lebendig und eingefangen ist, pervertiert mit der Zeit, es verendet. Auch »Gott« ist so ein Wortkäfig. Viele haben ihn im Lauf der Zeit vergoldet und damit seines Lebens beraubt. Daher habe ich gesagt, dass man »Gott« um seinetwillen lassen muss. Tut man das nicht, dann verendet er, und der Mensch pervertiert.

Ich gebe Ihnen gleich noch einen Auszug aus der zentralen Predigt, in der ich gewagt habe, das zu formulieren. Vermutlich können Sie nur schwer nachvollziehen, wie groß die Zumutung für meine Zuhörerinnen und Zuhörer ist, wenn ich sage: Vergesst Gott, lasst ihn hinter euch, ja, tötet ihn. Damit meine ich den Begriff, den Käfig, das Konstrukt, das sie sich gemacht haben. Das Leben, auf das der Begriff ja nur hinweist, wird durch die Zerstörung des Begriffs befreit, in all seinen Dimensionen.

Ich helfe mir, indem ich den Begriff der Gottheit einführe, eine abstrahierende Wortbildung, dies Wort entzieht sich eher der fixierenden Feststellung und Eingrenzung. Wenn ich meinen einfachen Zuhörerinnen und Zuhörern erklären sollte, wie sich Gott zur Gottheit verhält, dann würde ich in einem Bild davon sprechen. Ich sehe, wie aus der Dunkelheit und Fülle des Meeres der Gottheit, unergründlich und nicht fassbar, einzelne verschiedene Masken, Aspekte der Fülle, als Götter sich am Strand aus dem Wasser erheben und an Land gehen. Die Gottheit tritt in unterschiedlichen Gesichtern in die Erscheinung. Begegnen Menschen diese Gesichter in einer der verschiedenen Religionen, etwa als Dionysos oder Aphrodite, dann können sie sie auf Distanz halten und im Außen ansprechen. Sie können aber auch ihrer selbst innewerden, und dann entdecken sie im Laufe der Zeit, dass sie selbst diese Masken sind.

Unter den Masken ist dann auch die der Büffelgottheit, ein

Eselskopf sicher auch, und, wenn ich das so direkt sagen darf, auch unser beider »Masken«.

Ich möchte es zunächst einmal bei dieser Annäherung lassen, viele Fragen sind noch offen, vor allem das trinitarische Verständnis des christlichen Gottes, wir kommen darauf zurück. Nur eine Anmerkung noch, dann höre ich Ihnen zu: Im alltäglichen Sprechen, auch in meinen Predigten, wird die Unterscheidung von Gott und Gottheit nicht immer klar. Ich spreche manchmal von Gott und meine die Gottheit. Da hilft nur eins, genau hinschauen. Vieles, was ich formuliere, um nicht zu sagen, alles, wird beeinflusst von meinen Zuhörerinnen und Zuhörern. Ich spreche in die Welt hinein. Wir, meine Hörer und ich, sind ja in eine gemeinsame Sprache hineingeboren, da gibt es Gott und Götter und Gottheiten, ob wir wollen oder nicht. Ausmerzen kann ich sie nicht, so sehr ich das auch immer wieder möchte, ich kann nur langsam ein neues Verständnis generieren, kann Begriffe anders verwenden, vor allem aber den Menschen erkennen helfen, dass es nur Begriffe, Käfige, sind. Die Sprache ist aber nach meiner Erfahrung nicht nur Käfig, sie selbst ist »Gott«, sie überwindet sich immer wieder, ja, tötet sich und setzt Leben frei. – Das klingt wohl sehr abstrakt und außerdem auch anmaßend, ich werde noch versuchen, Ihnen das zu zeigen.

HAKUIN: Das ist keine leichte Kost, die Sie mir da zumuten, und ich muss sagen, dass ich Mühe habe, Ihnen zu folgen. Einsichtig ist für mich geworden, dass wir beide, Sie und ich, in unterschiedlichen Sprachwelten aufgewachsen sind, und es ist kaum zu glauben, wie gut wir uns dennoch verständigen können. Gleichzeitig ist damit zu rechnen, dass wir immer wieder auch aneinander vorbeireden. Ich denke, wir kommen am besten auf einen gemeinsamen Nenner, wenn wir als Basis die Natur suchen, die konkrete Welt mit allen Pflanzen und Tieren, die Menschennatur, das

Gott

ganz grünend
und blühend
in aller der freude

Gott                                    © Kaeppler

Tätigsein in der Welt und körperliche Übungen, die wir beide praktizieren können. Aber auch dann steht sofort eine große Frage auf: Was verstehen Sie, was verstehe ich, wenn wir das Wort »Natur« hören, was klingt aus Ihrem Mund, was aus meinem? Wie viel Unterschiedliches löst dieser Klang aus? Ganz sicher bringe ich mit der Natur nicht die Idee eines Schöpfers in Verbindung. Das liegt mir völlig fern. Aber das ist ja ein anderes Thema. Ich möchte jetzt nichts komplizieren, sondern halte, statt dem Gedanken weiter nachzugehen, inne und lasse nochmals in mir nachklingen, was Sie über die Erscheinung des Göttlichen in der Natur gesagt haben – Ihr Verständnis des Büffelgottes – und auch dass Gott sich tötet.

Mir fällt nach Ihren ausführlichen Darlegungen der Koan ein, den ich formuliert habe und der auch schon erwähnt wurde, eine Gesprächssituation, in der einer der beiden Gesprächspartner sagt:

»Herr Jizai,
was Ihr auch sagen möget,
wenn Ihr nicht den Ton der einen Hand hört,
ist alles nur die Hülse eitler Worte.«[55]

Den Ton der einen Hand hören, auch im Grund unserer Gespräche, sollen sie nicht zu Hülsen eitler Worte verkommen! Eine gewaltige Aufgabe.

ECKHART: Ja, eine Aufgabe, eine Auf-gabe, Hin-gabe unserer selbst. Was Sie da sagen, verschlägt mir erst einmal die Sprache. »Wenn Ihr nicht den Ton der einen Hand hört, ist alles nur die Hülse eitler Worte.« Da fühle ich mich wie in einer Sackgasse, der Weg ist zu Ende. Wie kommen Sie auf diesen Satz?

HAKUIN: Schade, dass Sie nicht zur rechten Zeit als Japaner geboren wurden, Sie wären ein guter Zen-Mönch geworden. Genau darum geht es, dass es Ihnen die Sprache verschlägt, dass nichts bleibt – dass das Nichts erscheint. Dann erst beginnt das Leben!

# Die Fülle des Nichts

ECKHART: Das klingt jetzt wieder eher wie ein Koan, Ihr Sprechen von der Fülle des Nichts, aber ich ahne, was Sie damit meinen.

HAKUIN: Was ich damit meine? – Nichts!

ECKHART: Der Begriff des Nichts wird ja sehr vielfältig verwendet. Ich erinnere mich an einen zentralen Satz aus meiner Predigt:»Wer irgend etwas sucht oder erstrebt, der sucht und erstrebt das Nichts.«[56] Hier handelt es sich um eine Aussage, die ich in meinen Predigten immer wieder variiere. Für uns hier gilt ja auch, dass alles, wovon wir reden, im Grunde nichtig ist, nichts. Das gilt es zu»wissen«, wenn wir sprechen. Gleichzeitig ist dieses Nichts die Quelle aller Worte, für mich ist das Nichts das Wort. Zurück zu meinem Zitat: Entscheidend ist das Wörtchen »etwas«. Es signalisiert hier, dass aus der Fülle und Einheit all dessen, was ist, ein kleiner Teil herausgelöst und fixiert wird. Aus dem Einen, mit dem jemand im Grunde ganz eng verbunden, ja, eins ist, trennt der Suchende etwas ab, aus dem Ganzen löst er etwas heraus, er schafft Distanz zwischen sich und dem »etwas«, er macht sich zum Subjekt und das»etwas«, das er aus dem größeren»etwas« herausgelöst hat, zum Objekt, zur Sache, ja, er vernichtet es dadurch in gewisser Weise, weil es nicht mehr eins ist und keinen Anteil mehr an der Fülle des Einen zu haben scheint. Das ist so, als ob Sie vom menschlichen Organismus ein Glied abtrennen, als ob Sie den Menschen amputieren. Auf Distanz zum Ganzen gebracht, wird das Organ absterben. Existenziell gesprochen heißt das, dass jemand, der sein Glück auf irgendein fixiertes vor sich hingestelltes Ziel setzt, etwa auf die Gesundheit oder – weiter gefasst – die Beherrschung der Natur, unausweichlich enttäuscht werden wird. Oder in der Sprache der Theologen: Wer glaubt, in der Kreatur das Glück finden zu können, und dabei den Schöpfer außer Acht lässt, läuft einem Götzen hinterher und findet sein Glück nicht. Sein Glück findet nur, wer es unterlässt, ein »etwas« herzustellen und sich stattdessen als Teil des Ganzen erfahrend weiß. Des Ganzen, so, wie es ist, und nicht so, wie es erträumt wird.

HAKUIN: Ich verstehe. Die Tendenz, ein »etwas« herzustellen, das man definieren kann, entspricht ja einem ungeheuren Sicherheitsbedürfnis und Machtstreben der Menschen. Dies Bedürfnis geht so weit, dass man auch Gedanken und Ideen nicht mehr als solche verwendet, eben als Spielgeld in einem Denkspiel, man objektiviert sie vielmehr zu eigenen Wirklichkeiten. Ich hatte die Befürchtung und habe sie immer noch ein bisschen, dass Sie in Ihren Predigten auch die Idee »Gott« zu einem »Etwas« machen. Oder anders gesagt, Ihre Zuhörerinnen und Zuhörer gehen doch davon aus, dass man Gott irgendwo dingfest machen kann, dass er ein »Etwas« ist, mit dem man rechnen kann. Als gäbe er absolute Sicherheit.

ECKHART: Ja, ich kann absolut sicher sein, allerdings nur, wenn ich paradoxerweise die Suche nach Sicherheit aufgebe. »Gott« lassen um Gottes willen! Das heißt, darauf zu verzichten, die Fülle zu verdinglichen, sie zum Rechenpfennig zu machen. »Wer das Nichts sucht, dass der das Nichts findet, wem kann er das klagen? [57] «, habe ich in meiner Predigt gesagt. Und ich meine damit die Menschen, die ein »Etwas« suchen und ergreifen, ohne zu bedenken, dass sich das »Etwas« als nichtig erweisen wird. Das gilt auch für das »Etwas«, das wir »Gott« nennen.

NONNE: Der Zen-Meister und Philosoph Hoseki Hisamatsu hat über das Nichts nachgedacht und seine Begegnungen mit ihm zu Papier gebracht, er unterscheidet zunächst einmal verschiedene Verständnismöglichkeiten dieses Wortes: Zum einen kann das Wörtchen nichts als Verneinung bedeuten, dass etwas nicht da ist. Die Tischplatte ist leer, nichts liegt auf dem Tisch. Nichts weist hier hin auf das, was nicht da ist, was es aber geben kann. Das Nichts kann ferner als Gegensatz des Seins ganz allgemein gemeint sein, es erscheint dann als Idee. Dann kann das Nichts im Unterschied zur Realität in der Einbildung existieren: Jemand bildet sich ein, nicht krank zu sein, obschon das Fieber noch hoch ist. Die Welt wird schließlich zum Nichts, wenn das Bewusstsein ausgeschaltet ist, im Schlaf oder Rausch oder auch während der Konzentration auf einen Fokus der Aufmerksamkeit, nichts anderes gilt dann.[58]

HAKUIN: Wesentlich für das Nichts, wie es im Zen-Buddhismus verstanden wird, ist der Umstand, dass es nicht hergestellt werden kann. Wir finden es auch nicht hier oder dort, sodass wir darauf zugehen oder vor ihm fliehen könnten. Das Nichts ist eine Erfahrungsgröße, es ist existenziell, es greift mich an, überfällt mich, etwa wenn ich in durchwachten Nächten verzweifle, wenn mich Kälte und Hunger zu würgen beginnen, wenn sich mir nicht nur mein Koan, wenn sich mir mein ganzes Leben bodenlos auftut und meine Konstrukte zusammenbrechen.

Und wenn Sie sich nach außen wenden, schauen Sie doch in die Welt, ist es nicht schrecklich, was sich dort abspielt, wie Menschen sich umbringen, statt ein lebenswertes Leben aufzubauen, es ist absurd. Und sehen Sie unsere eigenen Leute, wie sie mit den Erfahrungen der Patriarchen umgehen, sie picken sich die Leckerbissen heraus und verlieren den Kontakt zu sich selbst und zu dem Ort, an dem sie leben. Sie veröden. Es ist zum Verzweifeln. Wenn ich das und vieles mehr erlebe und erleide, dann komme ich in Berührung mit dem Nichts.

Und dann kann es allerdings geschehen, dass sich die Vernichtung umstülpt und sich etwas wie eine Verwandlung ereignet, ein Erwachen, ungeplant, nicht erwartet, anders als gedacht. Hier greift dann der Begriff der *sunyata*, der Leere.

NONNE: Keiji Nishitani, ein Kollege von Hisamatsu, hat zu formulieren versucht, was *sunyata* heißt: »*Sunyata* ist der Ort, wo jeder von uns sich in seiner eigentlichen Realität, seiner Soheit, realisiert als der konkrete und ganze Mensch, der er ist, was nicht nur seine Persönlichkeit mit einschließt, sondern auch seinen Leib; und ist zugleich der Ort, wo alle Dinge, die uns umgeben, sich in ihrer eigentlichen Realität und Soheit vergegenwärtigen. (... *Sunyata* ist) der Ort, wo das Wort: ›Tritt der Große Tod ein, werden Himmel und Erde neu‹ zugleich auch die Auferweckung des eigenen Selbst bezeichnet. ›Auferweckung‹ meint hier, dass das ursprüngliche Antlitz des eigenen Selbst als solches zum Vorschein kommt; dass man zu seinem authentischen Selbst, so wie es real ist, zurückkehrt.«[59]
Hier klingt an, dass die absolute Verneinung eine ebenso absolute Bejahung beinhaltet. Noch einmal Nishitani: »In der modernen Version des Nihilismus weitet sich das *nihilum* jedoch auch auf den Bereich der Existenz Gottes aus und wird so zum Abgrund. Auf diesem abgründigen, gottlosen *nihilum* zeigt sich in der Basis aller Lebensstufen, d. h. auch der des geistig-persönlichen Lebens, das Stigma der Sinnlosigkeit.
Zugleich aber gelangt der Mensch der nihilistischen Denkweise zufolge nur dann zu seiner wahren Subjektivität und

wird nur dann wahrhaft frei und selbständig, wenn er sich dazu entschließt, beharrlich auf diesem abgründigen *nihilum* zu stehen. Hier wird das *nihilum* (...) verstanden als der Ort, wo menschliche ›Existenz‹ entstehen kann.«[60] Die Reaktion auf die Erfahrung der Sinnlosigkeit wird nicht in der Resignation gesehen, denn in ihr geht die Existenz unter. Und die Reaktion besteht auch nicht in der Ablenkung, worin auch immer sie bestehen kann, angefangen von wildem Aktionismus bis hin zu subtilen Gedankenspielen und hehren Ideen und idealen Vorstellungen. Meistens reagieren Menschen in der Erfahrung der Sinnlosigkeit in Beziehungen, im Berufsleben, bei Katastrophen oder bei Krankheiten ja mit dem Versuch, sich abzulenken. Keine Resignation, keine Ablenkung, sondern recht mitten hindurch! »Recht mitten hindurch!«, so hat das Wolfram von Eschenbach einmal in dem Epos Parzival formuliert.

ECKHART: Ich habe Ihnen gerne zugehört, Hakuin, auch Ihnen, Schwester. Ihre Ausführungen in mehr philosophischer Sprache, sie entsprechen mir sehr, und ich kann nicht umhin, an den Tod Jesu zu erinnern, wie er bei Matthäus geschildert wird, dieser Moment tiefster Erfahrung von Sinnlosigkeit: »Mein Gott, mein Gott, warum hast du mich verlassen?«[61] In diesem Moment der Gottverlassenheit, in die er völlig hineinging, stülpt sich jedoch die Finsternis um, es ereignet sich Auferstehung.

Der Weg in die Erfahrung des Nichts erfolgt schrittweise oder auch plötzlich wie ein Überfall. Ich habe das behutsame und langsame Loslassen, das ja ein Sterben hinein in das Nichts ist, so formuliert:

»Wie fein, wie lauter das auch sein mag, mittels dessen ich Gott erkenne, es muss hinweg. Ja, sogar, wenn ich das Licht, das wirklich Gott ist, nehme, insofern es meine Seele berührt, so ist dem unrecht: ich muss es in dem (da) nehmen, wo es ausbricht.

Ich könnte das Licht nicht recht sehen, wo es auf die Wand scheint, wenn ich nicht mein Auge dahin kehrte, wo es ausbricht. Und selbst dann, wenn ich es da nehme, wo es ausbricht, muss ich auch dieses Ausbrechens noch entledigt werden; ich muss es nehmen, so wie es in sich selbst schwebend ist. Ja, selbst dann noch, sage ich, ist es das Richtige nicht: ich muss es nehmen, wo es weder berührend noch ausbrechend noch in sich selbst schwebend ist, denn das ist alles noch (Seins-)*Weise*. Gott aber muss man nehmen als *Weise ohne Weise* und als *Sein ohne Sein*, denn er hat keine Weise.«[62]

Ich baue das, was ich sage, schrittweise ab und führe in die Stille. Oder ich spreche in unterschiedlichen Bildern über das Nichts, es ist dann wie die Finsternis, die Wüste und Einöde, die Abgeschiedenheit und Armut. All diese Bilder weisen auf die bildlose Wirklichkeit Gottes, auf den namenlosen Niemand, sie heben sich gegenseitig auf. Dann befinden wir uns in einem Bereich *vor* allem Sein, vor jeder Eigenschaft. Es ist der Ort der Abgeschiedenheit, vor der Unterscheidung auch von Ja und Nein.

Anders akzentuiert ist das Nichts, wenn es sich auf die Kreatur bezieht, auf die Welt, auf den Menschen. Dann meint es den absoluten Gegensatz zum Sein, zu dem, was wirklich ist und Sein zeugt.

Menschen sind damit beschäftigt, ihr Wohlbefinden zu steigern, Vorteil, Ehre und Freude zu gewinnen. Dann glauben sie erfahren zu können, dass sie sind und das gerne und bereitwillig.

Ich aber sage:»Wisse, wann immer du irgendwie das Deine suchst, so findest du Gott nimmer, weil du nicht Gott ausschließlich suchst. Du suchst etwas mit Gott und tust gerade so, wie wenn du aus Gott eine Kerze machtest, auf dass man etwas damit suche; und wenn man die Dinge findet, die man sucht, so wirft man die Kerze hinweg. Ganz so tust du: Was immer du mit Gott suchst, das ist *nichts,* was es auch sei, sei's Nutzen oder

Lohn oder Innerlichkeit oder was es auch sei; du suchst ein *Nichts*, darum findest du auch ein *Nichts*. (...) Alle Kreaturen sind ein reines *Nichts*. Ich sage nicht, dass sie geringwertig oder überhaupt etwas seien: Sie sind ein reines Nichts. Was kein Sein hat, das ist nichts. Alle Kreaturen (nun) haben kein Sein, denn ihr Sein hängt an der Gegenwart Gottes. Kehrte sich Gott nur einen Augenblick von allen Kreaturen ab, so würden sie zunichte. Ich habe mitunter gesagt, und es ist auch wahr: Wer die ganze Welt zu Gott hinzunähme, der hätte nicht mehr, als wenn er Gott allein hätte. Alle Kreaturen haben ohne Gott nicht mehr (Sein) als eine Mücke ohne Gott besäße, genau gleich viel, nicht weniger und nicht mehr.«[63]

Hier ist mir wichtig, den Abgrund ganz radikal aufzureißen, so, wie die Kreaturen ihn erfahren. So, wie er ist. Gleichzeitig ist mit dieser absoluten Verneinung die Bejahung verbunden. Welt kann ich gottverlassen denken und auch erfahren, gleichzeitig ist sie die weiselose Weise Gottes, da zu sein. »Wer die ganze Welt zu Gott hinzunähme, der hätte nicht mehr, als wenn er Gott allein hätte.« Hier kann ich nur noch in Paradoxa sprechen oder in einem reduzierenden Abbau dessen, was ich jeweils sage, ich erinnere an den Text oben, der damit endet, dass ich sage: »Ja, selbst dann noch, sage ich, ist es das Richtige nicht: Ich muss es nehmen, wo es weder berührend noch ausbrechend noch in sich selbst schwebend ist, denn das ist alles noch (Seins-) Weise. Gott aber muss man nehmen als Weise ohne Weise und als Sein ohne Sein, denn er hat keine Weise.« Er ist das absolute Nichts und in dieser Nichtigkeit die Fülle.

# Dharma, ein Tropfen Meerwasser genügt

HAKUIN: Es gibt in unserer Tradition die Geschichte von einem Mann, der tief in der Provinz lebte und immer wieder auf Menschen stieß, die ihm von der Küste sowie von der Weite und Tiefe des Meeres erzählten.[64] Und mit der Zeit wuchs in ihm ein tiefes Verlangen, dorthin zu kommen, er wollte das Wasser des Meeres kosten. Und er machte sich, nachdem er sich von seiner Familie und den Freunden verabschiedet hatte, auf den Weg. Er wanderte viele Tage, manchmal nachts, weil tagsüber die Sonne so brannte. Und er kannte auch Tage, da wollte er nur umkehren und dem Wahnsinn dieses Weges ein Ende machen. Aber es begegneten ihm Menschen, die vom Meer zurückkamen und ihn ermutigten weiterzugehen. »Sieh selbst, koste das Wasser! Wir können dir nicht berichten, wie es schmeckt, es lohnt aber die Mühe, hab Vertrauen«, so sprachen sie ihm zu. Er fand andere am Straßenrand, die aufgegeben hatten, sie fühlten sich außerstande weiterzugehen. Entkräftet, wie sie waren, ruhten sie aus, um in die Heimat zurückgehen zu können.

Eines Tages, nachdem der Mann eine Passhöhe überschritten hatte, sah er in der Ferne einen dunstigen Streifen. Sein Blick verlor sich in der Unbestimmtheit der Weite. »Das muss es sein!« Mit dieser Vermutung strömte neue Energie in seine Glieder, und er schickte sich an weiter zu gehen. Sein Gefährte jedoch blieb, von der Weite überwältigt, stehen, rührte sich nicht von der Stelle und wusste nach eini-

71

ger Zeit sicher:»Es ist gut so, ich bleibe hier, geh ruhig weiter, mach dir keine Sorgen, ich bleibe hier, es reicht.« Er blieb staunend stehen und sah zu, wie sein Freund jetzt den Hang hinab immer schneller ging, bis er zu laufen begann, nicht wissend, wie weit die Entfernung noch sein mochte. Als er am folgenden Tag an den Strand kam, näherte er sich ganz langsam dem Wasser, das seit eh und je in gleichmäßigem Rhythmus aufs Land rollte, hier und jenseits des Horizonts, im Austausch mit der absoluten Ruhe und Dunkelheit des Meeresbodens wie auch des Firmaments. Er steckte seinen Finger in die Flut, benetzte ihn und leckte vom salzigen Meerwasser. Er hatte sich vorgestellt, darin einzutauchen und weit hinauszuschwimmen. Doch das alles vergaß er in einem Augenblick, denn in diesem Moment wurde ihm klar: Ein Tropfen genügt:»Indem er seinen Finger ins Wasser taucht und es kostet, wird er augenblicklich den Geschmack kennen, den alles Meerwasser auf der Welt besitzt.«[65] Alle Vorstellungen und Wünsche hatten sich in die Weite aufgelöst und ohne schon zu bemerken, was mit ihm geschehen war, ruhte er aus und machte sich dann ganz selbstverständlich auf den Heimweg.

Ein Tropfen genügt!

So weit die Geschichte, sie kleidet ein, was wir Weisheit nennen. Ein anderes Wort dafür ist *Dharma*. Ich kann Ihnen *Dharma* nicht erklären, ich kann es nicht definieren, aber, wie gesagt, in der Geschichte sind viele Elemente dessen, worauf das Wort *Dharma* hinweist. *Dharma* ist in seinem Verständnis vielfältig und umfassend. Es kann die Lehre, das Gesetz, die Summe der Weisheit meinen oder auch das Prinzip all dessen, was ist. *Dharma* signalisiert Soheit, die Welt, die Menschen, wie sie sind, Gegebenheit. Gegeben ist die Einsicht in die Bindung und Gefangenschaft des Daseins, die Fremdbestimmung sowie ihre Überwindung. Es signalisiert die Möglichkeit, sein eigener Herr, seine eigene Herrin zu sein und aufzubrechen, die Reise zu beginnen. Dies generelle *Dharma* verwirklicht sich in jedem Menschen auf eigene Weise. Das Lotos-Sutra spricht vom *Dharma* als dem »wahren Gesetz« oder vom »Buddha-Gesetz«, das »unübertrefflich« ist und das der Seher erblickt: »Söhne des Buddha, vollendet in Versenkung und Weisheit, die mit unendlichen Gleichnissen den Versammlungen das Gesetz erklären, erfreut das Gesetz predigen und Boddhisattvas bekehren, die Heerscharen Maras (des Verführers) zerstören und die Trommel des Gesetzes rühren.«[66] »Dieses Gesetz lässt sich nicht mit Nachdenken oder Analyse erklären.«[67] Ihr müsst erkennen, »dass die Dharmas ewig und ohne Eigennatur sind.«[68] Ohne Eigennatur, da würden Sie, Eckhart, vielleicht von Lauterkeit sprechen.

NONNE: Nicht nur der Begriff des Gesetzes, auch was Sie darüber sagen, erinnert mich an die jüdische Religion. Auch dort spielt der Begriff des Gesetzes eine große Rolle. Gleich der erste Psalm hat das Gesetz zum Thema. Das Gesetz zeigt den Weg, ja, es ist der Inbegriff des Lebensweges:

»Selig der Mann,
der nicht nach dem Rat der Frevler geht,
nicht auf dem Weg der Sünder steht,
nicht im Kreis der Spötter sitzt,
sondern sein Gefallen hat an der Weisung des Herrn,
bei Tag und bei Nacht über seine Weisung nachsinnt.
Er ist wie ein Baum,
gepflanzt an Bächen voll Wasser,
der zur rechten Zeit seine Frucht bringt
und seine Blätter welken nicht.
Alles, was er tut, es wird ihm gelingen.«[69]

> Was Sie vom *Dharma* sagten, lässt sich, glaube ich, in seiner
> Intention auf das Gesetz in der jüdischen Religion übertra-
> gen – mit einem wesentlichen Unterschied: Das Gesetz ist
> für die Juden Garant der Beziehung zu Jahwe. Es ist wie ein
> Vertragstext zwischen Jahwe und seinem Volk. Israel weiß
> aufgrund des Gesetzes, dass es von Jahwe gesehen und an-
> genommen ist, man kann es verstehen wie einen Ehevertrag.

HAKUIN: Ich merke, die Vorstellung eines Gottes außerhalb, mit dem ich in Beziehung trete und der besondere
Vorlieben hat, bleibt mir fremd. Ich kenne viele Menschen,
auch im Buddhismus, die sich an den Erleuchteten wenden
wie an einen Gott. Sie verehren ihn und bitten um seine
Unterstützung. Das *Dharma* des Zen hingegen ist einfach.
»Wenn ich gefragt werde, worin dieser Geist des Zazen besteht, antworte ich: in einem wahrhaft gütigen, mitleidvollen Herzen zu jeder Zeit.«[70]

ECKHART: Lassen Sie uns noch einen Moment still sein.

HAKUIN: Ja, gerne. Ich richte meine Aufmerksamkeit auf
den Atem, sein Gehen und Kommen. Gerne halte ich einen
Moment inne.

ECKHART: Sie sprechen von einem mitleidvollen Herzen
»zu jeder Zeit«. Für mich ist das jetzt, ich spreche vom Nun.
»Das ist das Nun der Ewigkeit, in dem die Seele alle Dinge in
Gott neu und frisch und gegenwärtig erkennt und in der (gleichen) Lust, wie (ich diejenigen Dinge erkenne), die ich im Augenblick jetzt gegenwärtig vor mir habe. Ich las neulich in einem Buche – wer's doch ergründen könnte! –, dass Gott die
Welt jetzt mache wie am ersten Tage, da er die Welt erschuf.«[71]
Das Dharma, das Gesetz des Lebens, von dem Sie sprechen, ver-
binde ich in meiner Tradition mit dem Begriff der *kenosis*. Pau-

lus besingt in einem Hymnus[72] den Lebensvollzug Gottes, sein und unser Dharma:»Gott entleert sich, Gott gibt sich auf und wird Mensch, *got entwirt*, er vergeht. Seine Weise zu sein, ist zu entwerden, er schmilzt ständig in einen Zustand, in dem er noch nicht wirkt und handelt. Da ist er noch nicht der Schöpfer, der Erhalter und Erlöser, er lebt vielmehr in einer Weise, in der er nicht unterschieden ist von seiner Schöpfung. Ehe die Kreaturen waren, war Gott (noch) nicht Gott, er war vielmehr, was er war.«[73]

NONNE: Masao Abe und auch Keiji Nishitani, beide Philosophen der Kyoto Schule, reagieren sehr intensiv auf den Begriff der *Kenosis*. Für Abe ist der Hymnus eine der Bibelstellen, die ihn besonders berühren.»Christi *kenosis* zeigt eine Transformation nicht nur seiner äußeren Erscheinung an, sie ist substanziell und enthält die radikale und umfassende Selbst-Negierung des Gottessohnes.«[74] Sie umfasst auch nicht nur die Person Christi, sie»ist Bestandteil der ursprünglichen Natur Gottes, und die ist Liebe.«[75] Gottes Erniedrigung, seine Selbstentäußerung ist Ausdruck seiner Liebe, Ausdruck seiner selbst.

Nishitani sieht diese Liebe in der Aufforderung:»Liebet eure Feinde!«[76] charakterisiert. Er schreibt:»Die Sonne schickt ihre Strahlen nicht an einen Ort, den sie sich ausgesucht hat, noch legt sie irgendeine Vorliebe an den Tag, die von Zuneigung oder Ablehnung diktiert wäre. In ihrem Leuchten gibt es kein *ego*. Ohne Ich oder selbstlos sein heißt »leer« sein *(sunyata)*. Darin hat die Vollkommenheit Gottes etwas mit dem Großen Mitleidigen Herzen des Buddhismus gemein.«[77] Und weiter heißt es bei Nishitani:»Der Mensch muss die unterscheidende menschliche Liebe aufgeben und sich der nicht unterscheidenden göttlichen Liebe hingeben. Er muss dem *eros* absagen und in der *agape* leben, das Selbst verneinen und in Selbstlosigkeit da sein.«[78]

Abe greift den Gedanken der alle beschenkenden Sonne auf und stellt fest:»Der völlig entleerte Gott ist nicht bloß unpersönlich, sondern zutiefst personal, in dem Sinn, dass dieser Gott sich selbst vernichtet und seine bedingungslose Liebe erfüllt, um alles ohne Ausnahme zu retten, sowohl die Rechtlosen wie auch die Sünder. In dem durch und durch erniedrigten Gott sind Personhaftigkeit und Unpersönlichkeit paradoxerweise eins.«[79] Für Abe wird in der Selbstvernichtung Gottes die Liebe Gottes erfahrbar. Sie schließt alles, Menschen und Tiere, die Welt, den Kosmos, alles, was ist, mit ein. So kann er sagen:»Gott ist Liebe, weil Gott Nichts ist. Nichts ist Gott, weil Nichts Liebe ist.«[80] Auch für Abe ist der korrespondierende Begriff zur christlichen *kenosis* im Buddhismus der Begriff der dynamisch verstandenen *sunyata*. Diese wird meist mit Leere übersetzt, wobei für Abe wesentlich ist, dass sie nicht nur andere und anderes entleert, sondern gleichzeitig auch sich selbst.[81] *Sunyata* verursacht für Abe»eine umfassende und unaufhaltsame Selbst-Entleerung, sie macht dem eigenen Selbst und dem anderer Menschen ihre So-heit einsichtig erfahrbar.«[82] Durch das vertiefte Verstehen und Leben der angezeigten Dynamik, *sunyata* und *kenosis*, erfahren beide Religionen im Kontakt zueinander eine spirituelle Vertiefung.

Der kleine theologische Exkurs war, hoffe ich, hilfreich, um das, was Sie, Eckhart und auch Sie, Hakuin hier austauschen, noch einmal von einer anderen Warte aus zu formulieren. Eckhart, Sie sprechen vom Entwerden Gottes, Sie, Hakuin, vom wahrhaft gütigen, mitleidvollen Herzen zu jeder Zeit. Ihre Worte berühren so zentrale Themen, und ich wollte ihnen etwas mehr Raum geben.

ECKHART: Ich danke Ihnen und zeige gerne noch einmal an einem Beispiel, wie ich versuche, entwerdend zu sprechen. Da handelt es sich um einen Prozess, in den der Leser, bzw. die Leserin, mit hineingenommen wird. Zuhörend, lesend entwerden. So hoffe ich.

»Es ist eine Kraft in der Seele, und nicht nur eine Kraft, vielmehr ein Sein, und nicht nur ein Sein, vielmehr etwas, das vom Sein löst – es ist so lauter und so hoch und so edel in sich selbst, dass keine Kreatur (und keine kreatürliche Erkenntnis) dahinein kann, sondern einzig Gott, der wohnt darin. Ja, in voller Wahrheit: Gott selbst auch kann nicht dahinein, soweit er ein Wie an sich hat; (...) vielmehr einzig nur mit seiner bloßen göttlichen Natur kann Gott da hinein.«[83]

HAKUIN: Ich kann Ihnen folgen und stelle fest, Sie bauen immer mehr ab und gleichzeitig auf: Sie nehmen die Kraft weg und bringen das Sein hinein, Sie lösen sich vom Sein und zeigen etwas, das nicht erkannt werden kann. Durch und durch lauter ist es, so in sich, dass Gott nicht hinein kann. Sie stoßen vor zum absoluten Nichts! Das *Dharma*, von dem Sie sprechen, wäre die absolute Reduktion. Aber warum muss da zum Schluss dann noch die Rede von der bloßen göttlichen Natur sein, die es möglich macht, dass Gott Einlass findet?

ECKHART: Ich mache den Versuch, die absolute Verneinung, die Reduktion, die Entleerung, gleichzeitig mit der absoluten Bejahung zur Sprache zu bringen. Wenn ich von der bloßen göttlichen Natur spreche, dann befinden wir uns, bildlich gesprochen, in einem Bereich vor allem Sein, auch vor jeder Eigenschaft; vor der Unterscheidung von Leere und Form, würden Sie vielleicht sagen. Es ist der Ort der Abgeschiedenheit, vor der Unterscheidung von Ja und Nein.

NONNE: Ich erinnere an die fünf Stände, die Zen-Meister To-san Ryokai unterscheidet. Ich weiß, dass Sie ihn schätzen, Hakuin. Er erinnert daran, dass im Aufrechten die Neige wirkt, in der Wesenswelt des Aufrechten die Welt der Phänomene und des Gestalthaften. Verabsolutiert man einseitig die Leere oder die Form, das Ja oder das Nein, dann tötet man das Leben. Dazu neigen im Zen immer wieder Meister, sie verabsolutieren das Nichts und sehen die Wirklichkeit fundamentalistisch, statt zu erkennen, wie im Nein keimhaft das Ja anwesend ist. Denke ich an Ihre Darlegungen, Eckhart, dann könnte ich den Ort der Abgeschiedenheit in Beziehung setzen zu dem »Einen Stand der Standlosigkeit« den Ryokai hinter den fünf Ständen sieht.[84]

HAKUIN: Ich danke Ihnen für den Hinweis. Es würde sich lohnen auf die fünf Stände von Meister Tosen Ryokai intensiver einzugehen, er ist ja der Gründer der Soto-Schule, hier würde das aber zu weit führen. Sie haben recht, ich kenne auch die Neigung, das, was ich als wirklich erfahren habe, zu verabsolutieren. Das führt in die Irre.

Wir wenden uns jetzt der Frage zu, ob eine Aufteilung des Weges in mehrere Etappen möglich und sinnvoll ist.

# Etappen bis zum Ziel,
# Wegmodelle – ein Weg ohne Weise

ECKHART: In meiner Schrift »Vom edlen Menschen« habe ich sechs Etappen der menschlichen Entwicklung skizziert. Dabei handelt es sich nicht um einen Weg, der zu einem unbekannten Ziel in der Ferne führt, der innere oder neue Mensch ist meinem Verständnis nach schon da, gleichzeitig zieht es den Menschen dorthin. Im Lauf der Zeit wird sich der »Wanderer« lediglich zunehmend bewusst, schon dort zu sein, wohin es ihn zieht: in das Einssein mit Gott. Der Begriff des Weges ist, wie wir sehen, auch etwas irreführend. Es scheint einen Ort zu geben, an dem das Ich sich befindet und einen anderen, zu dem es hin möchte. Dabei kommt das Ich immer, wohin es auch gehe, zu sich selbst. »So geht es auch dem Menschen, der glaubt, Gott zu entfliehen, er läuft ihm in den Schoß.«[85]
Gleichwohl taucht das Bild vom Weg, das ja ein dynamisches Bild ist, in verschiedenen Religionen auf. So steht im Zentrum der jüdischen Religion der Weg der Befreiung der Hebräer aus der Knechtschaft in Ägypten, der Weg durch die Wüste ins gelobte Land.
Ich zitiere aus meiner Schrift »Vom edlen Menschen« und ich tue das mit Vorbehalt, da die Formulierung von Wegetappen nicht mein zentrales Anliegen ist, eher eine Konzession an meine Zuhörerinnen und Zuhörer. Warum ich da Bedenken habe, wird, hoffe ich, im Verlauf des Gesprächs noch deutlich. Ich lehne mich übrigens sehr an Augustinus an. Er ist einer unserer großen Patriarchen und beschreibt die mögliche Entwicklung des Menschen, obwohl jeder einen ganz eigenen Weg geht, auf

eindrucksvolle Weise. Er wiederum bezieht sich seinerseits auf Origenes:

»Doch spricht Origenes, ein großer Meister: Da Gott selbst diesen Samen eingesät und eingedrückt und eingeboren hat, so kann er wohl bedeckt und verborgen und doch niemals vertilgt noch in sich ausgelöscht werden; er glüht und glänzt, leuchtet und brennt und neigt sich ohne Unterlass zu Gott hin.

Die erste Stufe des inneren und des neuen Menschen, spricht Sankt Augustin, ist es, wenn der Mensch nach dem Vorbilde guter und heiliger Leute lebt, dabei aber noch an den Stühlen geht und sich nahe bei den Wänden hält, sich noch mit Milch labt.

Die zweite Stufe ist es, wenn er jetzt nicht nur auf die äußeren Vorbilder, darunter auch auf gute Menschen, schaut, sondern läuft und eilt zur Ehre und zum Rate Gottes und göttlicher Weisheit, kehrt den Rücken der Menschheit und das Antlitz Gott zu, kriecht der Mutter aus dem Schoß und lacht den himmlischen Vater an.

Die dritte Stufe ist es, wenn der Mensch mehr und mehr sich der Mutter entzieht und er ihrem Schoß ferner und ferner kommt, der Sorge entflieht, die Furcht abwirft, so dass, wenn er gleich, ohne Ärgernis aller Leute zu erregen übel und unrecht tun könnte, es ihm doch nicht danach gelüsten würde; denn er ist in Liebe *so* mit Gott verbunden in eifriger Beflissenheit, bis der ihn setzt und führt in Freude und in Süßigkeit und Seligkeit, wo ihm alles das zuwider ist, was ihm (Gott) ungleich und fremd ist.

Die vierte Stufe ist es, wenn er mehr und mehr zunimmt und verwurzelt wird in der Liebe und in Gott, so dass er bereit ist, auf sich zu nehmen alle Anfechtung, Versuchung, Widerwärtigkeit und Leid-Erduldung willig und gern, begierig und freudig.

Die fünfte Stufe ist es, wenn er allenthalben in sich selbst befriedet lebt, still ruhend im Reichtum und Überfluss der höchsten unaussprechlichen Weisheit.

Die sechste Stufe ist es, wenn der Mensch entbildet ist und überbildet von Gottes Ewigkeit und gelangt ist zu gänzlich vollkom-
menerem Vergessen vergänglichen und zeitlichen Lebens und
gezogen und hinüberverwandelt ist in ein göttliches Bild, wenn
er Gottes Kind geworden ist. Darüber hinaus noch höher gibt es
keine Stufe, und dort ist ewige Ruhe und Seligkeit, denn das
Endziel des inneren Menschen und des neuen Menschen ist:
ewiges Leben.«[86]
Wie Sie sehen, habe ich einen durch und durch positiven An-
satz. Es geht meiner Meinung nach primär nicht darum, einen
Kampf gegen üble Mächte zu führen und einen dunklen Gegner
zu überwinden, sondern sich mehr und mehr der Führung Gottes zu überlassen, sich zu lassen – das ist die Übung des Alltags – und Gott den Platz zu lassen, den er schon innehat; Gott
setzt übrigens den Weg selbst in Gang.»Zum ersten sollen wir
wahrnehmen und erkennen, wie das göttliche Antlitz *göttlicher*
Natur der ganzen Seele Verlangen nach sich von Sinnen und toll
macht, um sie zu sich hin zu ziehen. Denn Gott schmeckt die
göttliche Natur, das heißt die ›Ruhe‹, so wohl, und sie ist ihm so
wohlgefällig, dass er sie aus sich herausgestellt hat, um aller
Kreaturen natürliches Begehren zu reizen und an sich zu ziehen.«[87]

HAKUIN: Das hört sich für mich so an, als gebe es außerhalb oder im Innern des Menschen eine Leitstelle, die den
Menschen führt.

ECKHART: Ja, das kann man so sehen. Es hat zu tun mit
meinem Bild vom Menschen. Für mich ist er ein dialogisches
Wesen. Ich unterscheide zwischen Gott und Mensch, im Grunde sind sie aber eins, Gott und Mensch bilden eine Beziehungs-
einheit. Vergleichbar der Beziehung zwischen Roshi und Schüler bei der Koanarbeit. Die Leitstelle des Menschen ist der
Mensch selbst. Sie sprechen gelegentlich vom wahren Selbst. In

meiner Tradition spricht man auch vom Samenkorn, das sich entfaltet. Origines benutzt die Metapher in Anlehnung wohl an die biblische Rede von dem winzigen Samenkorn der Senffrucht, aus dem ein riesiger, fest verwurzelter Baum wird, in dem die Vögel des Himmels nisten. Dieser winzige Same hat alle Triebkraft zu Wachstum und Bewegung aus sich selbst. Ich könnte auch sagen: aus Gott.

HAKUIN: Wenn Sie Bilder aus der Natur verwenden, bin ich ganz nah bei Ihnen. Dass das Begehren nach Gott ein, wie Sie sagen, natürliches Begehren ist, entspricht mir sehr. Wobei der Begriff der Natur sich unterscheiden dürfte, weil uns der Gedanke an einen Schöpfer, dem sich die Natur verdankt, wie ich schon anmerkte, fremd ist. Sie nennen als Ziel der Bewegung die ›Ruhe‹. Ich bin da besonders sensibilisiert durch Fehlentwicklungen in unseren Reihen, Sie wissen schon, ich meine den Hang unserer Mönche zum Quietismus, zur genussvollen Selbsterbauung, und ich vermisse in diesem Zusammenhang in Ihren Stufen den Hinweis auf ein verantwortungsvolles aktives Leben des von Gott überbildeten Menschen, wie Sie ihn nennen, der »in sich selbst befriedet lebt, still ruhend im Reichtum und Überfluss der höchsten unaussprechlichen Weisheit.« Das kann doch nicht das letzte Ziel sein!

ECKHART: Gut, dass Sie das ansprechen. Ich muss mich auch immer wieder mit der Tendenz von Nonnen und Mönchen auseinandersetzen, im Erworbenen bleiben und sich selbst genießen zu wollen.
Dass ich nicht der Welt Adieu gesagt habe, zeigt Ihnen mein Leben. Ich bin zwischen Erfurt und Köln, Straßburg und Paris zu Fuß unterwegs gewesen, ich habe unterrichtet, gepredigt, das klösterliche Leben in verschiedenen Kommunitäten geordnet und reformiert, ich spreche immer wieder davon, dass es konse-

quent ist, »auf sich zu nehmen alle Anfechtung, Versuchung, Widerwärtigkeit und Leid-Erduldung willig und gern, begierig und freudig«. Und das bedeutet einen entschiedenen Schritt hinein in die Welt und auch eine Annahme der Welt.

Der Weg führt einerseits in die Welt hinaus, nach draußen, und gleichzeitig führt er gegenläufig nach innen. Ich hatte bei der Formulierung der Schritte mehr den inneren Menschen im Blick und wollte zeigen, wie sich die Entwicklung von innen heraus vollzieht. Da ist weniger der Mensch aktiv als vielmehr Gott, anders, vielleicht mit Ihren Worten gesagt: mehr das Selbst als das Ich. Da gibt es in den Formulierungen meines Textes schon eine gewisse Einseitigkeit. In Zukunft werde ich den letzten Satz ergänzen und schreiben: »Darüber hinaus noch höher gibt es keine Stufe, und dort ist ewige Ruhe und Seligkeit, denn das Endziel des inneren und neuen Menschen ist: ewiges Leben, das sich im Einsatz für die Gerechtigkeit in der Welt vollzieht.«

Ruhe heißt ja nicht, faul herumzuliegen und den Tag zu vertrödeln, vielmehr frei zu sein, zu tun, was das authentische Ich will. Sie erinnern sich an die Auseinandersetzung zwischen Maria und Martha, ich gebe ganz entschieden Martha den Vorzug. Wenn wir vom Weg sprechen, dann ist für mich der Alltag der Ort der Bewegung, der Weg ist das ständige Loslassen von Vorstellungen und Wünschen, das Akzeptieren dessen, was ist.

NONNE: Wie wäre es, den Blick hin zu lenken auf das Phänomen des Weges, wie er uns konkret in der Welt begegnet.[88] Mir scheint zunächst einmal wichtig, dass der Weg nicht nur ein Werkzeug ist, ein Mittel zum Zweck. So wird er gesehen, wenn man von einer Handelsstraße spricht oder von einem Verkehrsweg, einer Militärstraße. Kosaka macht deutlich, dass der Weg nicht nur ein Mittel zum Zweck ist, er hat vielmehr ein eigenes Wesen. Er ist öffentlich und er macht öffentlich. Was bislang verborgen war, tritt durch

den Weg in Erscheinung, beginnt zu sprechen. Das gilt auch
für die Felder rechts und links des Weges, sie entstehen in
ihrer Ausstreckung und Form durch den Weg, werden durch
andere Wege eingegrenzt und miteinander verbunden. Da,
wo sich zahlreiche Wege kreuzen und begegnen, entsteht
die Stadt.»Die Stadt ist ein Gebinde von Wegen.«[89] Diesen
Wegen ist eigen, dass sie hin und her begangen werden
können, heraus aus der Stadt in die Weite und Offenheit
und zurück in den geschlossenen Raum, nach außen also
und nach innen. Und da kommt es dann auch auf den Wegen zu Begegnungen. Das zunächst fremde Du, auch das
eher indirekt wahrgenommene Er, Sie oder Es fordern heraus, verändern das Vorhaben, sie können verwandeln. Und
sie sind der Anfang von Geschichten, die sich weiterspinnen
auf dem Weg, Geschichte entsteht. Der Weg öffnet die Weite, er hat aber auch etwas Bindendes, er schränkt ein, er verlangt Gehorsam. Gewiss, man kann ihm entkommen, vom
Weg abkommen, der Anspruch bleibt aber weiterhin bestehen. Und sehen Sie, der Weg ist einerseits ein Phänomen
der Erde, er lässt durch die verschiedenen Böden, Richtungen und Begehungen die Erde sprechen, er hat aber auch
eine Entsprechung in der Höhe, im Weltall. Da ziehen die
Satelliten ihre Bahnen, die Flugzeuge hinterlassen Kon-
densstreifen und die Planeten und Gestirne zeichnen eigene Spuren.

HAKUIN: Ja, die Natur spricht, sie hat eine eigene Weise
zu sprechen – und zu verhüllen, zu schweigen. Von meinem
persönlichen Weg habe ich schon zu Anfang unseres Gesprächs berichtet, und ich tue das immer wieder in meinen
Ansprachen, um Menschen zu ermutigen, ihren eigenen
Weg zu gehen.
»Ich war wie ein Mann weit draußen auf hoher See, der
sehnsüchtig nach einem Baum auf einem fernen Kliff Aus-

schau hält. Mit vierzehn Jahren habe ich das Haus meiner Eltern verlassen, um ein buddhistischer Mönch zu werden.«[90] Eine gewisse Not gehört wohl dazu, wenn man den Weg beginnt. Bei mir spielte die Angst vor der Hölle eine große Rolle. Wie auch immer die Not im Einzelnen benannt wird, zu Grunde liegt für die meisten Menschen eine tiefe Selbstentfremdung. Die Ursache der Not besteht für die Menschen darin, »dass sie noch nicht ihre eigene wahre Natur geschaut haben und infolgedessen auch nicht wissen, dass Unwissenheit, so wie sie ist, zugleich die fundamentale Weisheit des Tathagatas ist; und deshalb sind sie immer noch dem Wirken der Kausalität unterworfen.«[91] Ich übernehme hier die Worte eines chinesischen Kommentars zum Blumengirlanden-Sutra. Das tun wir ja beide immer wieder, Sie sprachen von Origines und Augustinus, auch ich zitiere die Äußerungen alter Meister und zeige, wie ich bei aller Originalität auf ihrer Linie weitergehe.

ECKHART: Wenn ich die alten Meister zitiere, dann berufe ich mich gleichermaßen auf die Weisen, wie sie sich in den heiligen Schriften äußern, wie auch auf die heidnischen Meister, die großen Philosophen. Weise Worte, Worte mit Gewicht, kommen meiner Überzeugung nach immer aus Gottes Mund, wer auch immer sie ausspricht. Auch die Natur ist ein Wort Gottes. Ich möchte »zeigen, dass das, was die Wahrheit der Heiligen Schrift in Bildreden gleichsam verborgen andeutet, mit dem, was wir über Gott, das sittliche Handeln und die Natur beweisen und ausführen, übereinstimmt.«[92] Ich verfolge in meinen Werken »die Absicht, die Lehren des heiligen christlichen Glaubens und der Schrift beider Testamente mit Hilfe der natürlichen Gründe der Philosophen auszulegen. Denn was an Gott unsichtbar ist, das wird von dem Geschöpf in der Welt durch das Geschaffene erkannt und erschaut: auch seine ewige Kraft.«[93] Die Sprache der Natur und der Offenbarung, die Worte der Philosophen und der Theologen, sie stammen aus ein und demselben Mund, *ein Herz* ist ihr Ursprung.

Wenn Sie von der »Unwissenheit, so wie sie ist«, als einer fundamentalen Wahrheit sprechen, dann glaube ich zu verstehen, was Sie meinen, fremd ist mir der Begriff des Tathagata.

HAKUIN: Tathagata ist ein Titel, den wir Siddharta, dem Gründer des Buddhismus, zulegen. Ein Tathagata ist für uns der, der angekommen ist, der die Fülle der Erleuchtung erfahren hat. Aber nicht nur Siddharta, nein, jeder Mensch, der auf dem Weg der Übung den tiefsten Grund erreicht hat, ist ein Tathagata. Wir werden darüber sicherlich noch ausführlicher sprechen.

Ein wesentliches Merkmal des Weges, wie ich ihn verstehe, ist seine zunehmende Vertiefung. Erfährt jemand eine erste Erleuchtung, dann neigt er dazu, sie und sich selbst maßlos zu überschätzen. Mir ging das ja auch so. Später dann »wusste ich mit absoluter Sicherheit, dass das, was ich in anderen Satori-Erfahrungen (Erleuchtungserfahrungen) erkannt hatte, die ich bisher hatte, (...) dass all das völlig falsch gewesen war.«[94] Ich lerne, in Bewegung zu leben. Anders als diejenigen, die sich vom großen Weg abwenden, kleine Nebenpfade gehen und sich häuslich festsetzen. Weg entsteht ja beim und durch das Gehen. Bewegung, das Wort sagt es. Ich zitiere einen anderen Zen-Meister. «Sie (die sich so sicher fühlen) glauben, dieser Zustand der Reglosigkeit sei der fundamentalste Zustand, den ein Mensch erreichen kann. Satori ist in ihren Augen eher eine Nebensache, »ein Zweig oder Ast« (statt des Stammes). Solche Leute sind von dem Augenblick an, da sie ihren ersten Schritt auf dem WEG getan haben, vollkommen im Irrtum.«[95]

Immer wieder kommen Menschen auf dem Weg vor eine Schranke, sie erreichen eine Grenze. Shoju, ein durch und

86

durch authentischer Meister, sagte: »Es gibt da eine SCHRANKE von entscheidender Wichtigkeit. Vor ihr sitzt eine Reihe strenger Beamter. Jeder von ihnen hat die Aufgabe, die Fähigkeiten derer zu prüfen, die die SCHRANKE passieren wollen. Wenn du ihren Anforderungen nicht genügst, lassen sie dich nicht durch. Da kommt ein Mann und erklärt, er sei ein Stellmacher. Er setzt sich hin und macht ein Rad und zeigt es den Beamten, die ihn daraufhin passieren lassen. Eine zweite Person erscheint, ein Künstler. Er zieht einen Pinsel hervor, malt für die Beamten ein Bild und wird durch die Schranke hindurchkomplimentiert.«[96] Eine Sängerin folgt, ein Priester, für sie wird die Schranke ebenfalls geöffnet, nachdem sie gezeigt haben, dass sie ihr Handwerk verstehen. »Endlich erscheint ein weiterer Mann. Er ist in ein schwarzes Gewand gekleidet und behauptet, er sei ein Zen-Mönch. Einer der Wächter an der SCHRANKE bemerkt zu ihm, dass ›Zen die Krönung des Buddha-Weges‹ sei. Und dann fragt er ihn: ›Was ist Zen?‹

Alles, was der Mönch darauf hin zustande bringt, ist, mit leerem Blick benommen dazusitzen und wie ein Haufen Reisig dreinzuschauen. Ein Blick auf den Angstschweiß, der ihm unter den Achseln hervorrinnt, genügt den Beamten, und sie tragen ihn blitzschnell als einen üblen Schwindler in ihre Listen ein, als ein höchst verdächtiges und absolut unerwünschtes Subjekt. So steht er am Ende als ein armer Teufel von Außenseiter da, verurteilt zu einem erbärmlichen Leben diesseits der SCHRANKE. Was für eine klägliche Wendung der Dinge!«[97]

Er ist nicht in der Lage, sich zu bewegen, er spricht nicht, er bleibt in seinem Bunker und findet nicht über die Worte eine Brücke zu dem, der ihn angeht, der ja immer das eigene fremde Selbst ist. Er bringt sich selbst nicht zur Sprache und verhindert so Begegnung und Überwindung der

Schranke, er vermeidet die Verwundung durch die Begegnung mit dem Nicht-Selbst.

NONNE: Entschuldigung, wenn ich mich einmische. Ich wundere mich, dass es bei dieser »kläglichen Wendung der Dinge« bleibt. Ich verstehe, die Schranke durchschreiten darf nur, wer sein Geschäft ernst nimmt und sich zeigt, indem er sein Handwerk gekonnt durchführt. Der Mönch ist dazu nicht in der Lage, er wird eingetragen in die Liste der Schwindler. Da scheint die Welt wieder geordnet: hier die Wahrhaftigen, die Könner, die in Ordnung sind, und da auf der anderen Seite der Schwindler. Was für eine klägliche Wendung der Dinge! Ich erwarte, dass nach allem, was da geschehen ist, die Geschichte eine Erweiterung erfährt, sie könnte so lauten: »Als der Mönch sich seiner beschämenden Lage bewusst wurde, erlangte er die Erleuchtung. Er richtete sich auf und schaute um sich: von der Schranke und den Beamten weit und breit keine Spur.«

HAKUIN: Ja, so kann es sein. Und auch für diesen Mönch gilt, was Meister Shoju sagt: »Wenn ihr aber wirklich den Grund erreichen wollt, aus dem wahrer Frieden und Trost erwachsen, dann werdet ihr euch, je mehr eure Einsicht wächst, um so härter anstrengen. Je weiter ihr kommt, desto mehr werdet ihr noch weiter vorwärtsdrängen. Und wenn ihr schließlich die letzte Wahrheit der Patriarchen-Meister schaut, dann wird kein Fehl daran sein – sie ist dann so klar und eindeutig, als läge sie genau hier auf der Innenfläche eurer Hand.«[98] Und man muss dann auch nicht »mit leerem Blick dasitzen und wie ein Haufen Reisig dreinschauen.«

Der Grund, aus dem wahrer Friede und Trost erwachsen, ist gleichzeitig das Ziel und der Ursprung des Weges. Wie wir gesehen haben, ist der Weg nicht nur ein Mittel zum

Zweck, ein Werkzeug, er ist eine eigene Wirklichkeit, er hat ein eigenes So-Sein. Die Zeit scheint mir gekommen, ausführlicher über das Ziel des Weges zu sprechen. Irgendwann liegt es ja hier genau auf der Innenfläche der Hand, klar und eindeutig. Es könnte uns ja auch ergehen wie dem Mönch, der auf die Frage nach dem Wesen von Zen nur in Angstschweiß ausbrechen konnte und mit leeren Augen dasaß wie ein Reisigbündel. Wie unwissend war er doch! Und gleichzeitig bleibt es ein gewagtes Unternehmen, mit Hilfe von Worten vermitteln zu wollen, was das Ziel ist.

NONNE: Einen Moment bitte. Ich möchte noch eine Information einbringen, die das Thema des Weges erweitern und vertiefen kann. Die Überleitung zum zentralen Thema des *satori*, zum Thema Erleuchtung kann dann die Begegnung mit der Geschichte vom Ochsen und seinem Hirten werden. Eine wunderbare zen-buddhistische Wegbeschreibung, wie ich meine. Und sie führt hin zu dem Ziel, über das Sie dann sprechen wollen.

Also, es gibt in der Geschichte einen Hirten und den Ochsen. Das Ich ist der Hirte und in der Gestalt des Ochsen sehen wir das Selbst, meine ich. Der Hirte hat den Ochsen verloren und sucht ihn. Es handelt sich bei dieser Entfaltung der Suche um zehn Wegstufen, ich will sie kurz skizzieren. Die Geschichte wird in Texten und Bildern dargestellt, die Texte zitiere ich nur fragmentarisch.

1. Die Suche nach dem Ochsen
»Es geschah, dass der Hirte sich von sich selbst abwandte: Da ward ihm sein eigener Ort fremd und verlor sich zuletzt in staubiger Weite.«[99]
Das Bild zeigt im Rund eines Kreises den Hirten in der Landschaft, er ist ohne Orientierung.

## 2. Das Finden der Ochsenspur

»Das Lesen der Sutra und das Hören der Lehren brachte den Hirten dahin, etwas vom Sinn der Wahrheit zu erahnen. Er hat die Spur entdeckt.«[100]

Das Bild zeigt den Hirten in der Landschaft, er hat die Spur des Ochsen entdeckt.

## 3. Das Finden des Ochsen

»Im Augenblick, da der Hirte die Stimme hört, springt er jäh zurück und trifft im Erblicken den Ursprung. Die schweifenden Sinne sind in gelassenem Einklang mit diesem Ursprung beruhigt.«[101]

Das Bild zeigt, wie der Hirte dem Ochsen, den er erblickt hat, im Laufschritt folgt.

## 4. Das Fangen des Ochsen

»Noch vermag er sich nicht der Sehnsucht nach dem duftenden Grasbüschel zu entziehen. Noch rast in ihm hartnäckiger Eigensinn, und wilde Tierheit beherrscht ihn.«[102]

Das Bild stellt dar, wie Ochs und Hirt hin und her zerren.

## 5. Das Zähmen des Ochsen

»Halte den Zügel fest und erlaube dir kein Zögern!«[103]

Im kreisrunden Rahmen sieht man, wie der Ochs, das Seil durch die Nase gezogen, dem Hirten folgt.

## 6. Die Heimkehr auf dem Rücken des Ochsen

»Der Kampf ist vorüber. Auch Gewinn und Verlust sind zunichte geworden.«[104]

Das Bild zeigt den Hirten, wie er auf dem Ochsen reitend Flöte spielt und die Leitung dem Ochsen überlässt.

## 7. Der Ochs ist vergessen, der Hirte bleibt

»Nur vorübergehend ist der Ochse als Wegweiser aufge-

*Stille*

stellt. Er gleicht einer Schlinge, in der der Hase, oder einer Reuse, mit der der Fisch gefangen wird.«[105]

Der Hirte ist zur Ruhe gekommen. Das Bild zeigt ihn in der vom Mond erhellten Landschaft. Vom Ochsen keine Spur.

8. Die vollkommene Vergessenheit von Ochs und Hirte.
»Alle weltlichen Begierden sind abgefallen, und zugleich hat sich auch der Sinn der Heiligkeit spurlos geleert. Verweile nicht vergnügt am Ort, in dem kein Buddha wohnt.«[106]

Der Kreis, der bislang erfüllt war vom Umgang des Hirten mit dem Ochsen, ist jetzt leer. Leere.

9. Zurückgekehrt in den Grund und Ursprung
»Aus dem Anfang ist es rein, und es gibt keinen Staub. Dort beschaut Einer den wechselnden Aufgang und Untergang des Seienden und wohnt selbst in der gesammelten Stille des Nicht-Machens.«[107]

Das Bild zeigt den Pflaumenbaum, sein altes, vergehendes Holz und die aufgehenden Blüten.

10. Das Hereinkommen auf den Markt mit offenen Händen
»Bald kommt er mit einem ausgehöhlten Kürbis herein auf den Markt, bald kehrt er mit einem Stab in die Hütte zurück. Wie es ihm gefällt, besucht er die Weinkneipen und Fischbuden, um die betrunkenen Menschen zu sich selbst erwachen zu lassen.«[108]

Im Kreis erscheinen der Hirt und ein Junge. Alles, was der Hirt braucht, hat er bei sich. Er ist dargestellt, wie er mit einem Jungen im Gespräch ist.

HAKUIN: Das zehnte Bild zeigt, wohin der Weg führt. Das beglückende Leben, das den Erleuchteten durchflutet, will weiterfließen, will alle Lebewesen erreichen. Ich habe das oft erfahren dürfen:

»Die vollkommene Ruhe und das reine, ungefesselte Leben, das ich jetzt genoss, überstieg bei weitem alles, was ich in früheren Tagen in Iwataki erlebt hatte. Da ich der Armut im Shöin-ji gegenüber gleichgültig war und ich Reichtum welcher Art auch immer nicht kannte, war es so, als ob ich an einem Ort leben würde, der einige tausend Wegstunden entfernt jeder menschlichen Wohnstätte liegen würde. Der Reichtum von zehntausend Fürsten zusammengezählt hätte dem Glück, das ich empfand, nichts hinzufügen können. Auch verspürte ich keine Notwendigkeit mehr, eine Wiedergeburt in einem der menschlichen oder himmlischen Bereiche erlangen zu wollen.

Hier an der östlichen Hochstraße befand ich mich auf einer schwimmenden Insel inmitten der Beschmutzung dieser Welt. Ich war umgeben von hektischem Verkehr, von Reich und Arm, von der lärmenden Zwietracht zwischen Richtig und Falsch und von dem Getöse und Gerassel der Menschen und Tiere, die beständig hin- und herlaufen. Wer hätte mir geglaubt, wenn ich ihnen erzählt hätte, dass ein Leben in solch einer Umgebung vollkommen gleich war mit der wunderbaren Einsamkeit, die ich zwischen den Klippen und Felsspitzen von Iwataki kennengelernt hatte, weit weg vom Staub dieser Welt? Und wie hätte ich die gewaltige Freude, die mich jetzt erfüllte, jemals erfahren können, wenn ich nicht die Mühsal erlebt hätte, damals in der Zeit, als ich mit einer Hand voll Reis am Tag überleben musste! (...) Nach langem Nachdenken kam ich zu dem Schluss, dass, selbst wenn ich mich weiterhin an diesem Leben der Stille und Einsamkeit erfreut hätte, ich mir der Not dieses Klosters nicht hätte bewusst werden können. Und wenn ich die lebensverlängernde Technik der ›Selbstbeobachtenden Versenkung‹ fortgesetzt und dabei vielleicht meine Lebensspanne auf achthundert Jahre wie P'eng Tsu ausgedehnt hätte, so wäre ich überhaupt nicht von einem glücklich schlafenden alten Stinktier zu unterscheiden gewesen, das in seiner komfortablen Hütte dahindöst.

Schließlich entschied ich mich und hielt es auch für entsprechender, dem Abschiedsrat, den Shöju mir gegeben hatte, zu folgen. Meine ganze Kraft wollte ich hingeben, um zu helfen, die zahllosen leidenden Wesen dieser Welt zu befreien. Auch zur Weitergabe des Dharmas beabsichtigte ich, eine kleine Zahl von ausgewählten Mönchen zu versammeln, die ich für geeignet hielt, die Schranke zum unverfälschten Kensho zu durchschreiten.«[109]

ECKHART: Ich spüre die innere Notwendigkeit, aus der heraus Sie leben, Ihre Gradlinigkeit. Sie können und wollen nicht anders als das weitergeben, was Sie erworben haben und was Ihnen ja auch geschenkt wurde.

HAKUIN: Ja, das ist so. Dabei legen Sie wohl mehr Wert auf den Geschenkcharakter Ihrer Erfahrung, ich lege all meine Entschiedenheit in die konsequente Durchführung der Übung, immer wieder neu, auch nach Empfang des Geschenks. In einem Sutra habe ich das Geheimnis des Weges, der sich zeigt, so formuliert:

»Das Tor zur Einheit von Ursache und Wirkung ist offen, der Weg von Nicht-Zweiheit und Nicht-Dreiheit geht geradeaus.
Erkennend, dass Form Nicht-Form ist, sind wir, ob wir kommen oder gehen, immer an einem Ort.«[110]

Menschen, die noch an der Spaltung von Ursache und Wirkung haften, verbeißen sich in das Ziel, sie streben in die Ferne. So suchen sie das Reine Land in Indien oder sonstwo und sie nehmen nicht wahr, dass der Weg zwar das Gehen, aber gleichzeitig auch das Kommen realisiert. Der Weg ist beides: Hin und Her. Was jetzt hier ist, kommt auch aus der Zukunft auf den Wanderer zu, und das geschieht da auf dem Herweg, dort, wo der Wanderer jeweils im Augenblick ist. Im Gehen ereignet sich gleichzeitig das Warten und Ruhen.

ECKHART: Bei den Ochsenbildern fällt mir auf, dass es schon im dritten Bild klingt, als sei der Hirte bereits angekommen. »Im Gesehenen trifft er auf den Ursprung. In den sechs Sinnen keine Spur der Spaltung, inmitten jeden Tuns tritt er unverhüllt zu Tage. So wie der Geschmack des Salzes im Wasser.« Das klingt so, als sei er am Ziel. Aber gleich beginnt der Weg wieder von Neuem.

Was mir auch noch auffiel, die drei letzten Bilder sprechen nicht mehr von der Beziehung des Hirten zum Ochsen, der Ochse ist nicht mehr zu sehen.

NONNE: Die drei letzten Bilder falten den neuen Zustand auseinander, sie gehören zusammen. Sie haben richtig bemerkt, die Frage nach Ich und Selbst spielt keine Rolle mehr, der Ochse ist verschwunden. Das achte Bild, der leere Kreis, lässt auch den Menschen verschwinden, das Ich, wenn Sie so wollen. Er stellt alles radikal in Frage. Dies Bild zeigt die Begegnung mit dem Nichts. Dies Nichts ist aber auch nicht einfach das Nichts, es korrespondiert vielmehr mit dem neunten Bild, mit der Fülle natürlichen Lebens[111] und der Begegnung mit den Menschen auf dem Markt, die sich über ein «Zwischen« einander im zehnten Bild zuwenden, der Junge und der alte Mann. Das 10. Bild ist nicht das Endziel der Bewegung, es schwingt mit den beiden vorangegangenen in einer dreifachen, um nicht zu sagen dreifaltigen Einheit. Das Nichts, die Fülle des aufblühenden Lebens und die Begegnung mit anderen fremden Verwirklichungen des Selbst, diese drei rufen sich hervor, stellen sich in Frage, ergänzen sich, sie sind als Bewegung das Leben.

> Sie finden diese Dreiheit übrigens wieder in der praktischen Zen-Übung, in der sich die Übenden im Sitzen der Leere, dem Nichts aussetzen. Bei der Arbeit in Haus und Garten oder bei der Wanderung durch die Landschaft begegnet ihnen das »Aufblühen und Niedergehen der natürlichen Gestalten des Seins«. Und im Gespräch mit dem Meister gehen sie in die öffnende Begegnung. Das Selbst begegnet dem Nicht-Selbst in Gestalt des Gesprächpartners. Man kann keine der Übungen aus dem Verbund lösen, sie gehören zusammen.

ECKHART: Noch einmal zurück zur Geschichte vom Ochsen und seinem Hirten. Mich beschäftigt noch die Formulierung: »Er bedarf keiner Einübung mehr.«[112]

Es gibt wohl einen Zeitpunkt, da geht es nicht um spezielle Übungen, da haben diese sich in gewisser Weise erfüllt, da ist der Alltag die Übung, ohne eine besondere Übung und ohne bestimmte Erwartung. Es braucht wohl keine bestimmte Weise mehr.

»Dieses Endziel hat keine bestimmte Weise, es entwächst der Weise und geht in die Breite. Sankt Bernhard sagt: (Die Weise) Gott zu lieben, das ist die Weise ohne Weise.«[113]

»Darum sollt ihr euch nicht auf irgendeine *Weise* verlegen, denn Gott ist in keiner Weise weder dies noch das. Darum tun die, die Gott in solcher Weise nehmen, ihm unrecht. Sie nehmen die Weise, nicht aber Gott. Darum behaltet dieses Wort: dass ihr rein nur Gott im Auge habt und sucht (…) Sie schieben Gott unter die Bank, die so viele Weisen haben wollen. Sei's nun Weinen oder Seufzen und dergleichen vieles: das alles ist nicht Gott. Fällt es an, nun, so nehmt es hin und seid zufrieden und nehmt das, was euch Gott zu dem Zeitpunkt geben will, und bleibt allzeit in demütiger Vernichtung und Selbsterniedrigung.«[114]

»Ein jeder behalte *seine gute* Weise und beziehe *alle* (anderen) Weisen darin ein und ergreife in *seiner* Weise *alles Gute und alle*

*Weisen.* Wechsel der Weise macht Weise und Gemüt unstet. Was dir die *eine* Weise zu geben vermag, das kannst du auch in der anderen erreichen, dafern sie nur gut und löblich ist und Gott allein im Auge hat. Überdies können nicht alle Menschen *einem* Weg folgen.«[115]

> NONNE: Sie verwirren mich jetzt. Einerseits sprechen Sie davon, dass es keine Weise gebe, in der Gott sich finden lasse, man solle folgerichtig jede besondere Weise lassen und sich der Führung durch Gott überlassen, andererseits ermutigen sie die Zuhörerinnen und Zuhörer, ihre eigene gute Weise zu behalten und nicht hin und her von einer zur anderen Weise zu wechseln.

ECKHART: Ich mute Ihnen diese Verunsicherung zu, Sie selbst nur können Ihren Weg finden, diese oder jene oder auch keine Weise. Ich mute Ihnen ja auch vieles zu, wenn ich davon spreche, in demütiger Vernichtung und Selbsterniedrigung zu leben. Vergessen Sie nicht, vernichten und erniedrigen kann man nur, was da ist, und zwar aufgerichtet, selbstbewusst und lebendig.

Wir wollten uns gegenseitig Modelle von Wegen zeigen, verschiedene Weisen, um ans Ziel zu gelangen. Dabei haben wir auch, eher nebenbei, über mögliche Ziele gesprochen. Ich denke an das, was Sie über die drei letzten Bilder des Ochsenweges gesagt haben. Jeder Weg ist gangbar und gut, wenn er den Menschen zu sich führt, zu sich selbst. So unterschiedlich die Menschen, so verschieden die Wege und Stationen, so verschieden wohl auch die Formulierung des Zieles. Wir sind in unseren Formulierungen, die wir bislang gebraucht haben, immer wieder an die Grenze des Sagbaren gestoßen, dennoch erneut die Frage: Hakuin, was meinen Sie mit Erleuchtung, mit *satori* oder *kensho*?

Von mir können Sie erwarten, dass ich der Frage nachgehe, was die Rede von der »Gottesgeburt im Menschen« zum Ausdruck bringt. Sie spricht ja von der Weise der Selbstwerdung wie vom Weg einer Geburt.

Ich habe mich ja dazu hinreißen lassen, eine Weise der geistlichen Entwicklung zu skizzieren. Anstöße dazu kommen auch aus der antiken Philosophie, dort ist öfter von einem Aufstieg der Seele aus der Materie in die Welt des Geistes die Rede. Meine Vorstellung vom Verlauf des Weges geht eher von oben nach unten. Das Wort wird Fleisch, Gott wird Mensch.

# Gottesgeburt im Menschen – eine Erleuchtung?

NONNE: Hakuin, Sie haben verschiedene Formulierungen benutzt, wenn Sie vom Ziel des Weges sprechen. Sie sprechen von der «Großen Angelegenheit»[116] Sie möchten »den tiefsten Grund erreichen« und »zur Erleuchtung durchbrechen«[117],»den Lebensquell der Buddha-Patriarchen anzapfen«[118]. Gelegentlich sagten Sie:»Voller Ungeduld warte ich auf das Erscheinen auch nur eines einzigen Schwachkopfes von Mönch (oder auch nur der Hälfte davon), der, reichlich ausgestattet mit einem natürlichen Vorrat an spiritueller Kraft und innerlich entflammt von einem wilden religiösen Feuer, sich ohne Zögern mitten in dieses Gift hineinstürzt und augenblicklich im Großen Tod zugrunde geht. Wenn er sich dann aus diesem Tod wieder erhebt, wird er sich mit einer Kalebasse von riesigen Ausmaßen bewaffnen und auf der Suche nach wahren und echten Mönchen die ganze große Erde durchwandern. Wo immer er einen trifft, wird er in seine Hände spucken, seine Muskeln spielen lassen, seine Kalebasse mit tödlichem Gift füllen und einen Schöpflöffel davon auf diesen Mönch schleudern. Durchnässt, durchtränkt von Kopf bis Fuß, wird dieser Mönch nicht umhin können, sein Leben hinzugeben. Was für ein herrlicher Anblick, sich daran zu ergötzen!«[119]

HAKUIN: Dem habe ich nichts hinzuzufügen.

101

ECKHART: Ja, es geht um Tod und Auferstehung. Das sehe ich auch so.

HAKUIN: Für die, die genug Mumm haben, geht es darum, »ein Ballen weißer Seide zu werden«, »zu toter Asche in einem Räuchergefäß auf einem vergessenen alten Friedhof zu werden«, so zu werden, dass »ebendieser Augenblick zehntausend Jahre währt.«[120] Das klingt anders, als von der Geburt Gottes im Menschen zu sprechen. Ich rede davon, dass das Ziel darin besteht, zu toter Asche in einem Räuchergefäß in einem vergessenen alten Friedhof zu werden. Aber Sie wollen ja wissen, was ich meine, wenn ich von Erleuchtung spreche. Ich kann es auch weniger drastisch und eher philosophisch ausdrücken: es geht darum, »sein Selbst zu vergessen und sein Leben aufzugeben.«[121] Wollen Sie eine Definition? Oder soll ich Ihnen sagen, wie Ihre eigene Erleuchtung aussieht? Ich könnte auch weiterhin in Bildern sprechen. Da geistert immer noch die Rede vom »Reinen Land« in den Köpfen der Menschen herum. Als gebe es einen Ort, zu dem man durch die Erleuchtung komme. Sie haben wohl ein vergleichbares Bild, wenn Sie vom Himmel reden. Aber lassen wir das. Ich glaube, ich erzähle Ihnen, wie Fa-yan, einem Mönch, die Erleuchtung erfuhr. Er war verwirrt, dass sein Meister davon gesprochen hatte, dass erfahrene und erleuchtete Mönche, die zu Besuch im Kloster waren, trotzdem noch nicht angekommen seien. Er konnte das nicht verstehen, sie hatten alle Kriterien, die eine Erleuchtung bestätigen, erfüllt, ihre Erfahrung war von ihrem Meister anerkannt und sie sollten dennoch noch auf dem Weg sein? Was könnte ihnen fehlen? Er ließ den Gedanken nicht los, wälzte ihn hin und her, und »nachdem er sich einige Tage lang damit abgequält hatte, erfuhr er plötzlich den Durchbruch zur Erleuchtung. Alles, was ihm bis dahin wichtig erschienen war, es fiel plötzlich von ihm ab, als er jetzt in Bai-yun's Raum stürmte. Als Bai-yun (sein Meister) seiner ansichtig wurde, sprang er auf und tanzte vor ihm herum, wobei er mit den Armen schlenkerte und mit den Füßen auf den Boden stampfte. Fa-yan sah bloß zu und lachte.«

Hinterher erklärte Fa-yan: »›In großen Perlen brach der Schweiß aus mir hervor und dann erlebte ich plötzlich am eigenen Leib die frische Brise, die sich erhebt, wenn eine große Last von dir genommen wird.‹ (...) Nach nur wenigen Tagen intensiver Anstrengung übersprang er mit einem einzigen Satz alle Stufen gradueller Erleuchtung.«[122]

NONNE: Wie kann man das mit normalem Menschenverstand fassen? Daisetz T. Suzuki hat C. G. Jung gebeten, ein Geleitwort zu seinem Buch »Die große Befreiung« zu schreiben. Dass Suzuki so mutig war, einen Psychologen einzuladen, in sein Zen-Buch einzuführen, bewundere ich. Vielleicht hilft uns dies Geleitwort weiter. C. G. Jung betont auf den ersten Seiten, wie fremd ihm und dem westlichen Leser generell die buddhistische Begrifflichkeit ist. Er traut sich durchaus zu, zu verstehen, was ein christlicher Mystiker über seine Gotteserfahrung schreibt, aber »Östliche religiöse Vorstellungen pflegen dermaßen von unseren westlichen verschieden zu sein, dass selbst schon die bloße Wortübersetzung oft auf die größten Schwierigkeiten stößt, ganz abgesehen von dem Sinn des Begriffes, der unter Umständen sogar besser unübersetzt bleibt. (...) Schon die urbuddhistischen Schriften enthalten Anschauungen und Begriffe, die dem gewöhnlichen europäischen Verstande so gut wie unverdaulich sind. (...) Was ein Mystiker etwa unter ›Erleuchtung‹ versteht oder was in der religiösen Sprache so genannt wird, das zu begreifen, dürfte dem westlichen Verstande nicht allzu schwer fallen. (Satori) aber

103

bezeichnet eine Art und einen Weg der Erleuchtung, welche nachzufühlen dem Europäer fast unmöglich ist.«[123]
»East is east, and west is west,
Never the twain will meet« –
so zitiert Rudolf Otto in seinem Buch »West-östliche Mystik« den englischen Dichter Rudyard Kipling. Mir ist nicht bekannt, inwieweit Jung sich konkret als Übender der östlichen Geisteswelt genähert hat.

ECKHART: Wie auch immer, die Fremdheit bleibt – auch wie eine schützende Schale, unter der sich allerdings, wie ich meine, dieselbe Frucht verbirgt. Mir hilft hier der persönliche Kontakt mit Ihnen, die Fremdheit zu mildern. Wenn ich jetzt mein Verständnis der Geburt Gottes im Menschen darlege, dann stelle ich durchaus ein Fremdes neben ein Fremdes. Und das ist auch in Ordnung.
»Als der Vater alle Kreaturen gebar, da gebar er mich, und ich floss aus mit allen Kreaturen und blieb doch drinnen in dem Vater.«[124]
»Deshalb muss sich die Seele, in der die Geburt geschehen soll, ganz lauter halten und ganz adlig leben und ganz gesammelt und ganz innerlich, nicht auslaufen durch die fünf Sinne in die Mannigfaltigkeit der Kreaturen, sondern ganz innen und gesammelt und im Lautersten: da ist seine Stätte.«[125]
Die Gottesgeburt steht in Zusammenhang mit einem Verlangen des Menschen. Die Sehnsucht, sich eins mit Gott zu erfahren, ist zutiefst im Menschen angelegt, sie ist die Natur des Menschen. Sie kann verschüttet, überlagert sein, aber sie regt sich, wenn auch noch so schwach: als Sehnsucht nach Wahrheit, als Wunsch, Gutes zu tun, zu lieben, als Verlangen nach Gerechtigkeit. Selbst im Verbrechen artikuliert sich der Wunsch nach einem Mehr, die Gottesgeburt ist die Erfüllung aller Sehnsucht, selbst in dieser verirrten Weise. Und »kann man das Verlangen nicht haben, so verlange man doch wenigstens nach einem Ver-

langen. David spricht: ›Ich habe, Herr, nach einem Verlangen nach deiner Gerechtigkeit verlangt.‹«[126] Menschen verlangen danach, dass Gott in ihnen geboren werde, dass sie zu ihm durchbrechen. »In dem Durchbrechen aber, wo ich ledig stehe meines eigenen Willens und des Willens Gottes und aller seiner Werke und Gottes selber, da bin ich über allen Kreaturen und bin weder ›Gott‹ noch Kreatur, bin vielmehr, was ich war und was ich bleiben werde jetzt und immerfort. (…) denn mir wird in diesem Durchbrechen zuteil, dass ich und Gott eins sind.«[127] Ich spreche vom Durchbruch in das Eins-Sein, ich benutze aber auch in Anlehnung an die Tradition, wie vorhin, das Bild des Ausfließens.

HAKUIN: Auch ich spreche im Zusammenhang mit *satori* von Durchbruch. Die duale Wahrnehmung, die Distanzierung zwischen Subjekt und Objekt, die Selbstentfremdung wird durchbrochen hin zur wahren Natur des Menschen.

ECKHART: Wenn ich zurückkehre zum Bild und der Bewegung der Gottesgeburt, dann stellt sich die Frage nach dem Ort dieser Geburt. Historisch gesehen ist er in Palästina zu suchen, die Tradition spricht von Bethlehem. Die Liturgie der Kirche spricht von der Geburt des Gottessohnes in der Feier des Gottesdienstes, der an einem konkreten Ort, in einem geweihten Raum gefeiert wird. *Hodie,* so heißt es in den Texten, heute geschieht, was damals sich ereignete, hier und jetzt in diesem Gottesdienst. Alle sind Zeugen.
Dieses Verständnis macht sich frei von der Bindung an die Kategorie der Zeit, es verweist darauf, dass das Ereignis jederzeit stattfinden kann.
Einen Schritt darüber hinaus geht der Hinweis, dass die Geburt nicht in einem äußeren Raum geschieht, im liturgischen Raum, der als heiliger Ort gekennzeichnet ist, sondern im Menschen sich ereignen möchte. Angelus Silesius, einer unserer »Patriar-

chen« hat das einprägsam formuliert: »Wird Christus tausend-
mal in Bethlehem geboren und nicht in dir, du bleibst noch
ewiglich verloren.«

Immer noch, wenn auch im übertragenen Sinn, klebt diese
Sicht an räumlichen Bildern. Es gibt sozusagen im Inneren der
Seele einen Raum, eine eigene kleine Kapelle, in der Gott Ge-
stalt annehmen möchte. Diesen Raum gilt es zu pflegen, diesen
Raum gilt es immer wieder als Krippe im eigenen Herzen zu
achten.

Menschen denken in Räumen und verbinden sie mit dem Ab-
lauf der Zeit, auch wenn der Blick auf das Fremde und Verbor-
gene gerichtet wird. Ich akzeptiere diese menschlichen Gege-
benheiten, auch ich nenne Orte für die Geburt Gottes beim
Namen. Ich spreche vom Grund der Seele: Tief innen, im Grund
ereignet sich die Gottesgeburt. Oder ich spreche in Anlehnung
an Augustinus vom *abditum mentis*, vom verborgenen Raum, in
den die denkende Vernunft nicht eindringen kann. Vom See-
lenfunken ist die Rede, von der Burg oder vom Höchsten der
Seele oder ganz allgemein formuliert von der Kraft. Ich benutze
unterschiedliche Bilder für eine bildlose Wirklichkeit, zwänge
sie in die eigentlich nicht ausreichenden Bilder, sprenge aber
dann das Gefängnis der Bildworte, indem ich die Bilder sich
gegenseitig relativieren und dadurch einander letztlich aufheben lasse: Der Grund der Seele in der Tiefe steht neben der Rede
vom Höchsten der Seele – innen sei der Ort, ein verborgener
Raum. Gleichzeitig spreche ich von der aufragenden und weit
sichtbaren Burg. Und schließlich gesellt sich ein abstrakter Begriff wie Kraft oder Energie dazu. Ich baue so Vorstellungen auf
und zerschlage sie mehr oder weniger im gleichen Atemzug.
Der eigentliche Ort für die Geburt ist schließlich die Empfänglichkeit der Seele, sie ist das Allerreinste, Edelste, Sublimste, das
Eine, ganz innen.[128]
Sie sehen, es geht mir nicht um irgendwelche feststellbaren und
definierten Inhalte, sondern um Bewegung, die Bewegung des

Auf- und Abbauens, des Hinstellens und Wegräumens, und sie ist für mich nicht nur eine wichtige Methode, Bewegung ist der Lebensvollzug, die weiselose Weise Gottes selbst.[129] Der konkrete Ausgangspunkt für die Metapher der Gottesgeburt ist eine Passage im Galaterbrief des Paulus[130], wo er schreibt:»Meine Kinder, für die ich von Neuem Geburtswehen erleide, bis Christus in euch Gestalt annimmt.« Die zweite, gar nicht so weit entfernte Wurzel seines Denkens ist die griechisch-philosophische Vorstellung vom Herzen als Geburtsstätte der *logoi*. Der individuelle *logos* wird verstanden als Partikel des großen Weltfeuers, das in den Herzen der Menschen lebt. Origines hat diese Gedanken weitergeführt und in die christliche Theologie integriert.[131] Ich stehe hier ganz in der christlichen Tradition und folge Augustinus auch mit dem Impuls:»Wende dich nicht nach außen, tritt ein in dein eigenes Inneres.«[132]

HAKUIN: Wie zeigt sich der Vollzug der Gottesgeburt im alltäglichen Leben? Und gibt es jemanden, der das Ereignis bestätigt?

ECKHART: Die Gottesgeburt zeigt sich im gelassenen Menschen, im armen Menschen. In einem Menschen, der nichts will, nichts weiß und nichts hat. Wenn Sie von der Leere sprechen, dann entspricht das dem Begriff der Armut. Ich habe einmal gesagt,»*das* sei ein armer Mensch, der nicht (einmal) den Willen Gottes erfüllen *will*, der vielmehr so lebe, dass er seines eigenen Willens *und* des Willens Gottes so ledig sei, wie er's war, als er (noch) nicht war. Von *dieser* Armut sagen wir, dass sie die höchste Armut ist. — Zum zweiten haben wir gesagt, *das* sei ein armer Mensch, der (selbst) vom Wirken Gottes in sich nichts *weiß*. Wenn einer des Wissens und Erkennens so ledig steht, so ist *das* die reinste Armut. – Die dritte Armut aber, von der ich nun reden will, die ist die äußerste Armut: Es ist die, dass der Mensch nichts *hat*.«[133]

Denn »Gott strebt für sein Wirken nicht danach, dass der Mensch eine Stätte in sich habe, darin Gott wirken könne; sondern *das* (nur) ist Armut im Geiste, wenn der Mensch *so* ledig Gottes und aller seiner Werke steht, dass Gott, dafern er in der Seele wirken wolle, *selbst* die Stätte sei, darin er wirken will, — und dies täte er (gewiss) gern. Denn, findet Gott den Menschen *so* arm, so *wirkt* Gott sein eigenes Werk und der Mensch *erleidet* Gott so in sich, und Gott ist eine *eigene* Stätte seiner Werke; der Mensch aber erleidet Gottes Wirken angesichts der Tatsache, dass Gott einer ist, der *in sich selbst wirkt.* Allhier, in dieser Armut erlangt der Mensch das ewige Sein (wieder), das er gewesen ist und das er jetzt ist und das er ewig bleiben wird.«[134]

»Die Leute brauchten nicht so viel darüber nachzudenken, was sie *tun* sollten, sie sollten vielmehr bedenken, was sie *wären.*«[135]

NONNE: Erich Fromm zitiert diese Äußerung in seinem Buch »Haben oder Sein. Die seelischen Grundlagen einer neuen Gesellschaft«. Er schreibt: »Gewicht soll darauf liegen, gut zu sein, und nicht darauf, wie viel und was zu tun ist. Wichtig sind die Fundamente, auf denen unser Tun steht. Unser Sein ist die Realität.«[136]

»Das Ausbrechen aus der Existenzweise des Habens ist die Voraussetzung jeder echten Aktivität. In Eckharts ethischem System ist die höchste Tugend der Zustand produktiven inneren Tätigseins, dessen Voraussetzung die Überwindung jeglicher Form von Ichbindung und Gier ist.«[137]

ECKHART: Die Menschen sind so darauf aus, etwas haben zu wollen und tun zu können. Das ist auch in Ordnung, solange es dem Lebensunterhalt gilt; zum Problem wird dieser Drang, wenn der Besitz oder die Geschäftigkeit zum Ersatz wird für ein von innen kommendes Bedürfnis, aus der Fremde zu sich heimzukommen und sein eigen zu sein. Und auch das – Sie haben das vielleicht schon erwartet – gilt es zu lassen, wie ich vorhin sagte, im Nicht-Wissen.

Sie fragten vorhin, worin sich die Geburt Gottes im Menschen zeige. Diese Frage entspringt ja auch, wenn ich das korrigierend anmerken darf, sie entspringt dem Wunsch, etwas haben zu wollen, an dem man sich orientieren kann. Soweit wir Kreatur sind, verlangen wir nach greifbaren Hinweisen, besser noch nach Beweisen. Soweit wir in unserer göttlichen Natur sind, brauchen wir keine Beweise. Ab und an wird mir die Erfahrung geschenkt, da zu sein.

# Gott melkt man wie eine Kuh, und über die erlangte Erleuchtung stellt der Meister eine Bescheinigung aus

HAKUIN: Was Sie ausführen, trifft auch mein Anliegen, das Ziel des Weges nicht zu einem »etwas« zu machen. Damit würden wir es völlig verfehlen. Ich möchte das große Ziel des Übens daher in die Offenheit des Horizonts rücken. Ich denke an die Mönche, die genau wissen wollen, wie weit sie auf ihrem Übungsweg sind, was sie noch tun müssen, bis ich ihnen bescheinige, dass sie die Erleuchtung erlangt haben.

ECKHART: Sie bescheinigen die Erleuchtung?

HAKUIN: Ja, und ich will versuchen, Ihnen zu erklären, welchen Stellenwert diese Bescheinigung hat. Sie erinnern sich an die Passagen aus meinem Lebenslauf. Ich habe bewusst aus meinem Leben erzählt, ich möchte nämlich unter anderem verdeutlichen, wie verschlungen die Wege sind, die zur Erleuchtung führen, dass es meist auch Umwege sind. Sehen Sie meine Motivation: Angst vor der Hölle. Heute kann ich diesen angsterfüllten Jungen nur in den Arm nehmen und ihm sagen: »Kaum zu glauben, was du da mitgemacht hast, welche Gespinste sie dir in deinen Kopf und dein Herz geschmuggelt haben. Gut, dass du dem entkommen bist.« Aber damals war diese Angst schrecklich, und ich wollte mich nur retten. Das ist bei vielen Mönchen auch heute noch so, ihnen geht es zunächst einmal um ihr Wohlergehen. Wenn sie die Freude der Wahrheit gekostet haben, kleben sie aber an ihr, sie werden träge und versacken in ihren Bäuchen, sie gehen nicht weiter.

Shoju war »ein blinder alter Bonze, randvoll von tödlicher Gehässigkeit. Und er war durch und durch echt und authentisch. Dieser Shoju erklärte seinen Schülern immer wieder: (...) ›Wenn ihr aber den Grund erreichen wollt, aus dem wahrer Friede und Trost erwachsen, dann werdet ihr euch, je mehr eure Einsicht wächst, umso härter anstrengen. Je weiter ihr kommt, desto mehr werdet ihr noch weiter vorwärtsdrängen.‹«[138]

Ja, ich bescheinige die Erleuchtung, solange es Menschen gibt, die das brauchen, die noch davon abhängig sind, die noch »etwas« haben wollen, wie Sie sagen. Die Bescheinigung ermutigt sie hoffentlich dazu, weiter zu üben, und eines Tages werden sie sie mit einem verständigen Lächeln in ihrer Tasche verstauen oder ins Feuer werfen.

Auf der Suche nach einem Lehrer, kam ich öfter auch zu Meistern, die nicht die Erleuchtung lebten, die andere ihnen zugeschrieben hatten.

Enttäuscht durch eine erneute Erfahrung zog ich mich in einen Raum im Hintergrund des Tempels zurück »und gelobte, sieben Tage lang zu fasten und mich ganz auf meine Übung zu konzentrieren. Niemand wusste, wo ich war und was ich tat, nicht einmal einer der Mönche, mit denen ich zusammen gekommen war. Da sie mich nicht finden konnten, nahmen sie an, ich wäre heimlich nach Hause zurückgekehrt.

Ungefähr um Mitternacht der siebten und letzten Nacht meiner Übung drang der tiefe Klang einer Glocke eines weit entfernten Tempels an mein Ohr: Plötzlich waren mein Geist und mein Körper vollkommen abgefallen. Ich erhob mich und brüllte, überwältigt von unsäglicher Freude, so laut es meine Lungen hergaben: ›Der alte Yen-tóu lebt und ist gesund!‹ (Yen-tóu ist ein Zen-Meister, der sterbend einen lauten Schrei ausstieß. Zunächst habe ich ihn deswegen verachtet.) Meine Schreie ließen einige Mitmönche aus den Mönchsquartieren zu mir eilen. Wir fassten uns an die Hände, und sie teilten mit mir die intensive Freude dieses Augenblicks. Danach jedoch wurde ich äußerst stolz und arrogant. Jeder, den ich traf, kam mir vor wie ein Lump oder Habenichts.«[139] Ich habe Ihnen diese Episode aus meinem Leben schon einmal erzählt. Aber sie ist wichtig, denn Sie sehen: Ich wusste mit meinen ersten Erleuchtungserfahrungen nicht umzugehen, ich überschätzte mich völlig und hatte den Kontakt zu meiner Umwelt verloren, ich musste Bescheidenheit lernen, Demut. »Nach Erreichen von Satori bemühe dich mit Vertrauen, Zweifel und Mut weiter um deine Übung. Ziehe die giftigen Zähne und Krallen der Dharma-Höhle heraus, indem du alle mit Hoffnung und Glauben verbundenen, das wahre Leben tötende Talismane in kleine Stücke reißt, indem du dich von keinem berauschenden Text, buddhistischem wie nicht-buddhistischem gleichermaßen, binden lässt, indem du dich immer wieder der Wahrheit des Dharma widmest, indem du das Rad der Vier Zen-Gelöbnisse vorantreibst und gelobst, allen lebenden Wesen zu helfen, und sie zu retten, indem du dich bemühst, in jeder Minute deines Lebens den großen Dharma zu verwirklichen und dich selbst hingibst und jeder Form von Habgier, Ruhm oder Profit gnadenlos eine Absage erteilst, dann wirst du ein wahrer und legitimer Nachfolger der Buddhas und Patriarchen. Ein solches Bemühen bringt einen größeren Lohn als das Bemühen, als Mensch oder Gott wiedergeboren zu werden.«[140] Üben, das heißt still zu sitzen, Zazen zu üben und mit dem Koan zu ringen, dem Meister zu begegnen und auch die Sutren zu lesen und sich ihre Weisheit zu eigen zu machen, ferner alles, was man im Alltag tut und lässt, mit großer Achtsamkeit zu verrichten.

ECKHART: Das Paradox wird jetzt wieder deutlich. Sie beschreiben verschiedene Weisen, wie man leben soll, um die Erleuchtung zu erlangen. Keine Frage, Übungen können sinnvoll sein, sie können aber auch ein Fallstrick sein. Menschen sind manchmal verliebt in ihre Übungen oder auch Sklaven der Übung und blind für die Liebe Gottes, die weiselos ist.

»Solange du deine Werke wirkst um des Himmelreiches oder um Gottes oder um deiner ewigen Seligkeit willen, (also) von außen her, so ist es wahrlich nicht recht um dich bestellt. Man mag dich zwar wohl hinnehmen, aber das Beste ist es doch nicht. Denn wahrlich, wenn einer wähnt, in Innerlichkeit, Andacht, süßer Verzücktheit und in besonderer Begnadung Gottes mehr zu bekommen als beim Herdfeuer oder im Stalle, so tust du nichts anders, als ob du Gott nähmest, wändest ihm einen Mantel um das Haupt und schöbest ihn unter eine Bank. Denn wer Gott in einer (bestimmten) *Weise* sucht, der nimmt die Weise und verfehlt Gott.«[141]

Er liebt Gott, wenn er ihm nützlich ist, wenn er das Wohlbefinden steigert, ihm vielleicht sogar Macht verleiht über andere Menschen. Dann liebt er Gott wie Menschen, die eine Kuh lieben:

»Die liebst du wegen der Milch und des Käses und deines eigenen Nutzens. So halten's alle jene Leute, die Gott um äußeren Reichtums oder inneren Trostes willen lieben; die aber lieben Gott nicht recht, sondern sie lieben ihren Eigennutz.«[142]

HAKUIN: Da stimme ich Ihnen voll zu. Wir kommen dabei ja zurück zum Beginn des Gesprächs, als es um den Nebel ging, aus dem Menschen herauskommen wollen. Es gibt halt auch einen spirituellen Nebel, der fromme Gemüter einhüllt. Das Bild vom Gott, dessen Kopf man einhüllt und unter die Bank schiebt, sodass er nicht sieht und hört und auch nicht sprechen kann, auf und über dem kann man dann noch seinen Arsch breit machen, man kann ihn im wahren Sinn des Wortes besitzen. Manch einer der Zen-Priester hat seine wahre Natur und die Bescheinigung seiner Satori-Erfahrung unter sein Sitzkissen geschoben und sitzt wie ein Sack Reis darauf. Er präsentiert sich seiner Gemeinde als wissendes, habendes und wollendes Ich.

# Ich

NONNE: Ja, reden wir über das Ich. Für viele spirituell orientierte Menschen ist das Wort »ich« ja ein rotes Tuch, ein entwickelter Mensch hat kein Ich zu haben oder zu sein. Welche Perspektive wollen Sie wählen? Aus der westlichen philosophischen Tradition, etwa von Plato her? Oder von der Position des Aristoteles aus? Wir könnten stattdessen auch unserem Gespräch moderne Ich-Konzepte zugrunde legen – hier könnte ich Ihnen behilflich sein – wir könnten diese mit Ihren Äußerungen, Eckhart, vergleichen. Wir könnten auch phänomenologisch vorgehen und einem Ich durch den Tag und die Jahre folgen. In jedem Fall sollten wir genau hinsehen, wie unterschiedlich Sie, Eckhart, vom Ich sprechen. Oder beginnen wir mit dem Ich-Verständnis des Zen-Buddhismus?

HAKUIN: Mich interessieren moderne Ich-Konzepte sehr, vielleicht das eine oder andere Beispiel, im Übrigen würde ich gerne bei den Phänomenen ansetzen und diese dann in Beziehung zu unseren jeweiligen Traditionen setzen.

ECKHART: Einverstanden, betrachten wir das Phänomen.

NONNE: Ein Blick nach draußen öffnet uns die Augen. Wieder ist die Natur unsere Lehrmeisterin. Sehen Sie! Ein Vogelschwarm zieht am Himmel seine Bahnen, alle schwenken und schwingen in einem Augenblick in einer steilen Kurve aufwärts und fallen im Sturzflug nach unten, kurz vor der Berührung der Baumwipfel abbiegend und dann sich doch niederlassend im rötlich leuchtenden Weinlaub, das eine Hauswand bedeckt. Schwarzes Getier, Geschnatter, Gepicke, zur Ruhe gekommen, und dennoch nervös, voller Leben, eben noch ausgreifend bewegt und bewegend. Die Luft sortiert sich neu, nachdem der Schwarm sie aufgewirbelt und durcheinander gebracht hatte. Wo ist da ein Star, der »ich« sagen möchte oder könnte? Alle sind eins. Ebenso wenig war das früher dem Tier möglich, das sich später Mensch nennen sollte und irgendwann von sich als einem »Ich« zu sprechen begann. Wann geschah das? Zunächst war er ganz Schwarm, eins mit den andern, die es als andere noch nicht gab.

In unvorstellbarer Vorzeit, als der Mensch begann, Werkzeug in die Hand zu nehmen und die Natur zu seinem Gegenüber zu machen, als er sesshaft wurde und innehielt in der allgemeinen Bewegung des Sammelns und Jagens, als er Raum ausgrenzte und sich absetzte von der Natur und ihren Gesetzmäßigkeiten, von der Gruppe, als er Erfahrungen sammelte und seinen Ort abgrenzte gegen die manchmal feindliche Umgebung, da dämmerte ein aufsteigendes Ich.

Oder betrachten Sie die individuelle Entwicklung, die wir alle durchlaufen haben. Weit entfernt vom Ich ist der Säugling, der das Licht der Welt erblickt hat und sehr in Anspruch genommen ist, seinen Wärmehaushalt der neuen Umgebung anzupassen, zu lernen, wo die Nahrungsquelle ist, und zu unterscheiden, welche Laute auf ihn eindringen. Er kommt aus der großen Einheit, ist eins mit der Mutter. Könnte er schon unterscheiden, würde er dennoch die Mutter als Teil des eigenen Organismus identifizieren. Erst langsam lernt er zu verstehen, dass dieser Teil seiner selbst manchmal nicht da und er allein ist. Wir können sagen, er macht die Erfahrung zu sein. Aus der Unzahl von Säuglingen beginnt er sich zu lösen, auch durch Empfang eines eigenen Namens, auch in der Taufe. In all den Erfahrungen ist der kleine Mensch nicht ein ausgesetztes Objekt, dem etwas eingeprägt wird, er hat ein eigenes Interesse und wählt schon von Beginn an die Richtung seiner Zuwendung, er ist einzig.

ECKHART: Augustinus zeigt, wie über mehrere Stufen der Weg aus der All-Einheit heraus in die Vereinzelung führt. Ich habe ihn in einer meiner Schriften zitiert:»Der kleine Mensch kriecht der Mutter aus dem Schoß und lacht den himmlischen Vater an.«[143] Für ihn ist das die dritte Stufe,»Wenn der Mensch mehr und mehr sich der Mutter entzieht und er ihrem Schoß ferner und ferner kommt, der Sorge entflieht, die Furcht abwirft.«[144] So werden auch die folgenden Stufen geschildert.

»Die sechste Stufe ist es, wenn der Mensch entbildet ist und überbildet von Gottes Ewigkeit und gelangt ist zu gänzlich vollkommenen Vergessen vergänglichen und zeitlichen Lebens und gezogen und hinüberverwandelt ist in ein göttliches Bild, wenn er Gottes Kind geworden ist. (…) das Endziel des inneren Menschen und des neuen Menschen ist: ewiges Leben.«[145]

NONNE: Kann ich das so verstehen, dass der Mensch sich aus einem ichlosen Zustand, aus der Alleinheit heraus langsam zu einem Ich entwickelt, indem er die Einheit verlässt und sich vereinzelt? Dass er dann später dieses gewonnene Ich loslassen und überbilden lassen sollte vom Ich Gottes. Der Verlust des erworbenen Ichs ginge dann einher mit dem Gewinn des göttlichen Ichs, Sie sprechen von Gottes Kind?

ECKHART: Ja, das sehe ich so. Allerdings ist das erworbene Ich nicht das gewissermaßen schon mitgebrachte. Dies »Ego, das Wort ›Ich‹ ist niemandem eigen als Gott allein in seiner Einheit. ›Vos‹, dieses Wort bedeutet so viel wie ›ihr‹, dass ihr eins seid in der Einheit, das heißt: das Wort *ego* und *vos*, *ich* und *ihr*, das deutet auf die Einheit hin. Dass wir eben diese Einheit sind und diese Einheit bleiben mögen, dazu helfe uns Gott. Amen.«[146] Fraglos kann allein die Fülle der Gottheit von sich aus Leben entwickeln, sprechen und sich als Ich zeigen. Ich habe mich dazu an anderer Stelle ausführlich geäußert, ich denke an meinen Kommentar zum Buch Exodus. Der Mensch maßt sich aber immer wieder an, ebenso von sich als einem Ich zu sprechen, wie es allein Gott zukommt. Er vergisst dabei: Er kann zwar als Ich auftreten, aber nicht in der gleichen Weise, wie Gott das tut. Der Mensch ist immer auch Antwort.

»Was *ich bin*, das gehört keinem Menschen sonst zu als mir allein, keinem Menschen noch Engel noch Gott, außer soweit ich *eins* mit ihm bin; es ist eine Lauterkeit und eine Einheit.«[147] Und, wir können hinzufügen: Einzigkeit.

NONNE: Ich versuche einmal zu ordnen, was ich gehört habe: Da ist das Ich Gottes, das durch seine Zuwendung und in der Einheit mit dem Menschen auch dem Menschen zukommt. Er kann mit Gott sagen: »Ich bin«.

»Ich« zu sagen meint dann, sich im Sprechen als existent zu zeigen. Da geht es nicht um bestimmte Eigenschaften, um diese oder jene Qualität, sondern um die »reine« Existenz. Das Dasein ohne Warum, noch vor jeder Eigenschaft. »Ich bin da!« Dies Ich ist wie die Gottheit ohne Eigenschaften und individuelle Bestimmungen, es ist einzig, es gibt ja nichts zu vergleichen. Die Einzigkeit des Menschen besteht dann in der Übereinstimmung mit der Einzigkeit Gottes. Sie ist viel grundlegender als die Einzigartigkeit des Menschen, die dieser durch seine individuelle Geschichte, seine genetische Ausstattung und Entwicklung gewonnen hat. Die Individualität ist gleichzeitig aber etwas sehr Kostbares, sie unterscheidet den Menschen von Gott und verleiht ihm eine

der mensche

soll gott nemen in allen dingen

Mensch © Kaeppler

andere, eben kreatürliche Einzigartigkeit. Gott existiert auch in dieser kreatürlichen Einzigartigkeit. Dessen sind wir Zeugen in der Erfahrung der Gottesgeburt im Menschen. Wenn wir vom Ich reden, dann wohl am besten vom ichlosen Ich.

HAKUIN: Besonders bei Ihnen bin ich, wenn Sie von der Vergänglichkeit, ja, Bedeutungslosigkeit des Ich sprechen. In einem Lehrgespräch antwortete Buddha seinem Schüler Kasjapa:»Das einzige Gesetz, die einzige Lebensordnung, die mit dem Nirwana konform geht, ist das Gesetz des *non-ego*.«[148] Ich verstehe nun *non-ego* in zwei unterschiedlichen Bedeutungen:

»Nimm einen Mann, der krank ist an Leib und Seele. Er hat Angst vor jedermann, zerstört seine Vitalität und ist abhängig von äußeren Umständen. Er ärgert sich nicht, selbst dann nicht, wenn er erniedrigt wird. Er kümmert sich nicht, auch dann nicht, wenn man ihn zurückweist. Stattdessen trottet er umher und hat keinen eigenen Ort. Sein Bewusstsein erweitert sich auch nicht nur ein bisschen und er denkt, dass das *non-ego*, so wie er es versteht, so gemeint sei. So eine Person ist ein zerrissener Sack Reis, aufgebläht von sich, ein fressendes Schwein, ein Ignorant, ein blinder Narr. So jemand repräsentiert nicht das wahre Ich. Viel weniger noch der Mensch, der auf die Wirkung, den Namen Buddhas wiederholt zu nennen, vertraut und hofft, so in das Reine Land zu kommen und da ein Buddha zu werden! Was meint dies ›kommen‹? Was soll dies werden? Wenn da gar kein Ich ist, ja, was ist es denn dann? Sag nicht: ›Dies ist eine Ansicht, die das Karma auflöst.‹ Löst es das Karma auf, ja oder nein?! Wenn du kein außerordentlicher Mensch bist, der in seine eigene unverfälschte Natur geschaut hat, glaube nicht, es handle sich um etwas, das so leicht erkannt werden kann. Wenn du Übereinstimmung wünschst mit dem wahren und reinen *non-ego*, dann musst du bereit sein, deinen Halt loszulassen, wenn du über einem absoluten Abgrund hängst, bereit zu sterben und wieder lebendig zu werden. Dann nur kannst du das wahre Ich erreichen, das sich in den vier Tugenden des Nirwana entfaltet (Durchhaltekraft, Frieden, Selbst und Reinheit).«[149]

ECKHART: Für mein Verständnis ist das der gelassene Mensch, der Mensch, der alle Krücken losgelassen hat und frei geht. Wenn Sie von Sterben und Auferstehen sprechen, dann berühren Sie auch das Zentrum meines Verständnisses. Unser Herr sagt:»›Wer mein Jünger werden will, der muss sich selbst lassen, niemand kann mein Wort hören noch meine Lehre, er habe denn sich selbst gelassen.‹[150] Alle Kreaturen sind in sich selbst nichts. Darum habe ich gesagt: Lasst ab vom Nichts und ergreift ein vollkommenes Sein, in dem der Wille recht ist. Wer seinen ganzen Willen gelassen hat, dem schmeckt meine Lehre, und er hört mein Wort.«[151]
Als ich von der Gottesgeburt sprach, war schon die Rede vom Loslassen. Das Loslassen, auch wenn der Abgrund nicht so absolut und tief ist, auch die kleinen Tode sind bedeutsam und menschlich, sie sind die Übung eines jeden Tages, die Tode des kleinen Ich.

HAKUIN: Ich und Nicht-Ich liegen nah beieinander und wollen immer wieder unterschieden werden. Ich habe selbst erfahren, wie nah sie sich sind. Am Anfang meines Weges, nach meinem ersten Blick in die wahre Natur, habe ich mich aufgeblasen, habe mein Ich auf einen Sockel gestellt und von oben auf die andern herabgeschaut. Mein Stolz wuchs in die Höhe wie ein majestätischer Berg, meine Arroganz breitete sich aus wie die Flut. Selbstgefällig sagte ich mir:»In den vergangenen zwei- oder dreihundert Jahren konnte niemand einen solch herrlichen Durchbruch erreichen.«[152] Die Arbeit der Meister mit ihren Schülern besteht zu einem großen Teil darin, immer wieder die Einbildungen und Vorstellungen zu durchbrechen und aufzulösen. Als ich einmal meinem Meister einige Verse als Zeichen meiner Erfahrung überreichte, da wies er mich ab: »Illusion und Fantasterei!«, sagte der Meister. Ich warf dieselben Worte mit lauter Stimme auf ihn zurück, worauf der Meister mich schnappte und zwanzig oder dreißig Faustschläge auf mich herunterprasseln ließ und mich dann von der Veranda stieß. Nichts steht dem Blick in die eigene Natur so entgegen wie ein aufgeblähtes Ich.

Immer wieder musste ich erleben, wie meine Vorstellungen und Hoffnungen, wie mein Ich zerbrach; vor allem in jungen Jahren.

ECKHART: Ich denke an die drei Tode, die die Seele stirbt. In der Reich-Gottes-Predigt spreche ich von diesem dreifachen Tod. Was Sie sagen, erinnert mich an die erste Weise zu sterben: »Denn Sterben, eigentlich gesprochen, ist nichts anderes, denn eine Entwerdung von allem Etwas. Damit will ich aber nicht behaupten, dass dieses Seelenwesen so zunichte werde, wie es war, ehe es geschaffen wurde; sondern diese Vernichtung soll dem Behalten und Besitzen gelten. Hier verliert die Seele die ganze Welt, Gott und alle Kreaturen.«[153] »Wenn nun die Seele ihr Geschöpfeswesen ablegt, so leuchtet ihr das unerschaffene Urbild entgegen, in dem sie sich als *unerschaffen* wiederfindet. Denn es ist die Eigenschaft dieses Urbildes, dass alle Dinge in ihm *eines* sind. Aus diesem Urbild also, darin sie ihr Wesen als ein unerschaffenes findet, soll die Seele ausgehen, und das muss *sie* tun kraft eines göttlichen Todes.«[154] Die Vernichtung ist so radikal, dass auch das göttliche Urbild durchbrochen wird. Was bleibt, ist die völlige Einheit. »Und in diesem Sinne spricht Christus: ›Niemand kommt zum Vater, denn *durch mich*‹ Christus ist nämlich das ewige Urbild. Darum ist der Seele Bleiben nicht in ihm, sondern sie muss, wie er selber spricht, durch ihn *hindurch* kommen! Dies Durchbrechen, das ist der *zweite Tod* des Geistes, und er ist viel bedeutsamer als der erste.«[155]

Nun gibt es für mich im dritten Tod noch eine Steigerung der Vernichtung. Die Seele stirbt schließlich, wenn sie »erkennen muss, dass in das Reich Gottes überhaupt keine Kreatur gelangen kann: *so fängt sie an, sich selber zu empfinden, geht ihren eigenen Weg und sucht nicht mehr nach Gott, – und hier stirbt sie ihren höchsten Tod!* In diesem Tod verliert die Seele alles Begehren und alle Bilder, alles Denkvermögen und alle Gestalt und wird aller Wesenheit beraubt.«[156]

HAKUIN: Sie sprechen mir aus der Seele. Und Sie berühren in der Formulierung des dritten Todes den zentralen Punkt unserer Erfahrung und unserer Versuche, sie sprachlich zu vermitteln.

Um sterben zu können, sollten Menschen sich zunächst einmal aufbauen und zu einem willensstarken und zielstrebigen Menschen entwickeln. Um mit dem Koan zu arbeiten, braucht es Kraft und Mut. Das wahre Ich ist ja nicht blass, unentschlossen und schlapp. Auf dem Weg dahin braucht es vielmehr Ausdauer und Durchhaltevermögen. Der Übungsweg ist eine Herausforderung, auf die nur ein starkes Ich antworten kann. Die meisten Mönche sind auf ihr Wohlbefinden bedacht, sie sind verweichlicht und unstet. Sie wissen nicht, dass der »Buddhismus einem Ozean gleicht – je mehr du in ihn eindringst, umso tiefer wird er. Buddhismus gleicht einem Berg, je mehr du ihn besteigst, umso höher wird er.«[157]

»Ich möchte euch Edelgeborenen, die ihr die geheimen Tiefen erforscht – allesamt große Männer! – das unauslöschliche Verlangen einpflanzen, die euch innewohnende Kraft so energisch und unnachgiebig dazu zu bringen, für euch zu wirken, wie ihr irgend könnt.«[158] Immer wieder habe ich dazu aufgerufen. Nun ist aber auch der starke Wille, die Koanarbeit voranzutreiben, nicht ohne Gefahr. Es kann zur Ich-Überschätzung und zu einer einseitigen Belastung kommen, ich weiß das aus eigener Erfahrung. Ich spreche von der Zen-Krankheit. Meine Krankengeschichte ist etwas ausführlich, aber ich denke, ich spreche von Erfahrungen, die viele Menschen teilen.

»Als ich anfing, Einsicht in mein Verhalten zu gewinnen, da bemerkte ich, dass die beiden Aspekte meines Lebens – die Äußerlichkeit und die Innenschau – völlig aus dem Gleichgewicht geraten waren. Egal, was ich tat, ich fühlte mich niemals frei oder vollkommen ungezwungen. Ich erkannte, dass ich erneut eine furchtlose Entschlossenheit entfachen und mich noch einmal mit Körper und Geist in den Dharma-Kampf werfen musste. Mit fest zusammengebissenen Zähnen und geradeaus gerichtetem Blick begann ich, mich beharrlich meiner Übung zu widmen, wobei ich der Nahrung und dem Schlaf entsagte.

Noch ehe der Monat abgelaufen war, begann mein Herzfeuer gegenüber dem natürlichen Verlauf anzusteigen und brachte dabei meine Lungen zur Austrocknung ihrer wichtigsten Flüssigkeiten. Meine Füße und Beine waren immer eiskalt. Sie fühlten sich an, als hätte ich sie in Bottiche von Schnee eingetaucht. Da war auch ein ständiges Rauschen in meinen Ohren, so als ginge ich an einem tosenden Gebirgsbach entlang. Ich wurde ungewöhnlich schwach, verschüchtert, zurückschreckend und ängstlich in allem, was ich tat. Ich fühlte mich völlig ausgelaugt, physisch und geistig erschöpft. Seltsame Visionen erschienen mir gleichermaßen in den Stunden des Wachens wie des Schlafens. Meine Achselhöhlen waren immer feucht von Schweiß. Meine Augen tränten permanent. Ich reiste weit und breit, besuchte weise Zen-Lehrer und machte berühmte Ärzte ausfindig. Aber keines der angebotenen Heilmittel verschaffte mir irgendeine Erleichterung.

Dann stieß ich auf jemanden, der mir etwas über einen Einsiedler namens Meister Hakuyu erzählte, der in einer Höhle hoch in den Bergen des Shirakawa-Distrikts von Kyoto lebte. Er sollte angeblich dreihundertsiebzig Jahre alt sein. Die Höhle, in der er wohnte, so sagte man, wäre zwei oder drei Wegstunden von jeglicher menschlichen Behausung entfernt. Er liebte es nicht, Menschen zu sehen. Wann immer jemand erschien, rannte er weg und versteckte sich. So wie er aussah, war es schwer zu sagen, ob er ein Mann von großer Weisheit oder nur ein Narr war. Die Leute jedoch in den umliegenden Dörfern verehrten ihn als einen Heiligen. (...)

Indem ich das Geräusch des Wassers als meinen Führer benutzte, begab ich mich in die Berge und wanderte voran, bis ich zu dem Strom gelangte. Ich setzte meinen Weg entlang des Ufers für eine weitere Wegstunde fort, bis sowohl der Bach als auch der Weg allmählich zu Ende gingen. Es war nichts da, was den Weg anzeigte, nicht einmal ein Pfad für Holzfäller. An dieser Stelle verlor ich völlig die Orientierung und war nicht mehr in der Lage, auch nur einen Schritt weiterzugehen. Da mir nichts anderes mehr einfiel, setzte ich mich auf einen in der Nähe gelegenen Felsen, schloss meine Augen, legte meine Handflächen zu einem *Gassho* zusammen und begann ein Sutra zu rezitieren. (...) Ich kletterte dann über zerklüftete Felsen, trieb mich voran durch dicke Kletterpflanzen und immer mehr zunehmendes Gestrüpp, wobei Schnee und Frost sich durch meine Strohsandalen fraßen und kalte, feuchte Schauer sich durch meine Robe bohrten. Es war ein sehr mühsames Gehen, und als ich die Stelle erreicht hatte, wo ich die Blende gesehen hatte, war mein ganzer Körper bedeckt mit dickem, öligen Schweiß.

Nun stand ich vor dem Eingang zur Höhle. Von hier aus er-
gab sich eine Aussicht von unübertroffener Schönheit. Mein
Blick ruhte über dem vulgären Staub der Welt. Mein Herz
zitterte vor Furcht. Mein Körper war überzogen von pri-
ckelnder Gänsehaut. Für eine Weile lehnte ich mich gegen
einen Felsen und zählte einige Hundert Atemstöße.

Nachdem ich mich von Schmutz und Staub befreit und meine Robe in Ordnung gebracht hatte, beugte ich mich herun-
ter, schob zögernd die Blende beiseite und blickte in die
Höhle. Im Dunkel der Höhle konnte ich die Gestalt von
Meister Hakuyu ausmachen. Er saß vollkommen aufrecht.
Seine Augen waren geschlossen. Ein wundervoller Kopf mit
schwarzem, langem Haar, das Flecken von Weiß aufwies
und bis über seine Knie hinabreichte. Er hatte eine feine,
jugendliche Gesichtsfarbe von rötlichem Farbton wie eine
chinesische Dattel. Er saß auf einer weichen Matte aus Gras
und trug eine weite Jacke aus grob gewebtem Stoff. Das
Innere der Höhle war klein, nicht mehr als fünf Quadratfuß.
Mit Ausnahme eines kleinen Schreibtisches gab es keine
Anzeichen von Haushaltsgegenständen oder anderem Mo-
biliar in irgendeiner Art.

Auf dem Schreibtisch konnte ich drei Schriftrollen sehen – Es
waren: ›Maß und Mitte‹, ›Lao Tzu‹ und das ›Diamant Sutra‹.

So höflich, wie ich konnte, stellte ich mich vor, erklärte die
Symptome meiner Krankheit in den von mir beobachteten
Erscheinungen und bat den Meister um seine Hilfe. Nach
einer Zeit längerer Stille öffnete Hakuyu seine Augen und
sah mich fest und durchdringend an. Dann, indem er langsam und wohlüberlegt sprach, erklärte er mir, dass er nur
ein abgenutzter, unbrauchbar gewordener alter Mann sei –
›mehr tot als lebendig‹, wie er hinzufügte. Er lebe inmitten
dieser Berge und ernähre sich von Nüssen und wilden Berg-
früchten, die er sammle. Seine Nächte, so sagte er, verbrin-
ge er zusammen mit dem Berghirsch und anderen wilden

Kreaturen. Er erklärte mir, dass er nicht mehr als das eben Gesagte kenne. Nun sei er in akute Verlegenheit geraten, wenn ein so bedeutender buddhistischer Priester eine lange Reise gemacht habe, nur um ihn zu sehen. Ich aber gab nicht nach und bat ihn erneut um seine Hilfe. Schließlich streckte er mit einer leichten, fast fahrlässigen Geste seine Hände aus und ergriff meine Hand und machte sich daran, meine fünf körperlichen Organe zu untersuchen. Dabei fühlte er meine Pulse an neun lebenswichtigen Punkten. Seine Fingernägel waren, wie ich bemerkte, fast einen Zoll lang.

Er runzelte seine Stirn und sagte mit einer Stimme, die einen Anflug von Mitleid aufwies: ›Es lässt sich nicht viel machen. Du hast dir eine ernsthafte Krankheit zugezogen. Indem du dich selbst zu hart angetrieben hast, vergaßest du die Hauptregeln der spirituellen Übung. Du leidest an einer Zen-Krankheit, die mit medizinischen Mitteln kaum zu heilen ist. (...) Du bist nun in dieser schmerzlichen Lage, die das Ergebnis einer falschen Versenkung ist. Du wirst deine Gesundheit nicht eher wieder zurückerlangen, bis du in der Lage bist, die Techniken der – Selbstbeobachtenden Versenkung – zu beherrschen. Es verhält sich mit dir so wie mit dem alten Sprichwort *Wenn eine Person auf die Erde fällt, dann ist es vonseiten der Erde so, dass diese Person sich von selbst wieder von der Erde erheben muss.*‹

›Bitte‹, sagte ich, ›lehrt mich die geheime Technik der Selbstbeobachtenden Versenkung. Ich möchte damit anfangen, sie kennenzulernen und zu praktizieren.‹

Mit einem Verhalten, das jetzt ernst und majestätisch war, antwortete Meister Hakuyu sanft und leise: ‚Ah, du bist also entschlossen, eine Lösung für dein Problem zu finden, junger Mann? In Ordnung! Nun muss ich dir wohl ein paar Dinge zu der (Selbstbeobachtenden Versenkung) erzählen. Vor vielen Jahren habe ich sie selbst gelernt. Es ist eine geheime Methode, um gesundes Leben zu erhalten, die nur wenigen Menschen bekannt ist. Wird sie fleißig praktiziert, dann ist es sicher, dass sie bemerkenswerte Resultate hervorbringt. Sie wird es dir auch ermöglichen, einem langen Leben entgegenzusehen. Auf dem Großen Weg wirken ununterbrochen die beiden Kräfte Yin und Yang. Miteinander verbunden bringen sie menschliche Wesen und alle anderen Dinge hervor. Eine ursprünglich angeborene Energie zirkuliert still durch den Körper, bewegt sich durch den Körper, bewegt sich durch Bahnen und Kanäle von einem zum anderen der fünf großen Organe. Schützende Energie und nahrhaftes Blut, die zusammen zirkulieren, steigen im Körper auf und fallen wieder ab und vollziehen fünfzig komplette Zirkulationen in jeder Periode von vierundzwanzig Stunden. (...) Das Leben erhalten ist ähnlich wie das Verteidigen eines Landes. Während ein weiser Fürst und kluger Herrscher immer an die gewöhnlichen Menschen unter ihm denkt, macht sich ein dummer Fürst und durchschnittlicher Herrscher ausschließlich Sorgen um den Zeitvertreib der oberen Gesellschaftsklassen. Wenn ein Herrscher sich ausschließlich mit seinen eigenen egoistischen Interessen beschäftigt, dann rühmen seine neun Minister ihre Macht und Autorität, und die ihnen unterstellten Beamten verlangen ebenfalls Beachtung und besondere Gefälligkeiten. Keiner von ihnen allen verschwendet einen Gedanken an die Armut und das Leiden der Menschen unter ihnen. Auf dem Lande, unter der Landbevölkerung, ist alles voll von bleichen, hohlwangigen Gesichtern: Hungersnöte schleichen über das Land und lassen auf den Straßen und in den Dörfern verstreute Leichen zurück. Die Weisen ziehen sich in Verstecke zurück, die gewöhnlichen Menschen kochen vor Wut und Ärger, die Provinzfürsten werden zunehmend rebellisch und die Feinde an den Grenzen erheben sich zum Angriff. Die

Menschen sind eingetaucht in Kummer, Leid und Agonie, bis schließlich die Nation selbst aufhört zu existieren.

Auf der anderen Seite, wenn der Herrscher seine Aufmerksamkeit nach unten richtet, sich auf die gewöhnlichen Menschen konzentriert, dann üben die Minister und Beamten ihre Pflichten einfach und gründlich aus und beziehen die Mühsal und die Leiden der gewöhnlichen Menschen immer in ihre Überlegungen mit ein. Als Resultat davon erzeugen die Bauern reichlich Nahrung und ihre Frauen nähen eine Fülle an Kleidung. Die Weisen sammeln sich beim Herrscher, um ihm ihre Dienste zu erweisen, die Provinzfürsten sind respektvoll und gehorsam, den gewöhnlichen Menschen geht es gut und das Land wächst und ist gesund. Jeder ist gehorsam und achtet seinen achtenswerten Vorgesetzten, keine Feinde bedrohen die Grenzen und Schlachtgeräusche sind im Land nicht mehr zu hören. Die Namen der Kriegswaffen geraten in Vergessenheit. Das gleiche gilt für den menschlichen Körper. (...) Die goldene Regel in der Kunst, das Leben zu erhalten, besteht darin, immer den oberen Körperbereich kühl und den unteren Körperbereich warm zu halten.«[159]
Ich hoffe, ich strapaziere Ihre Aufmerksamkeit nicht zu stark. Die Begegnung mit Hakuyu war für mich richtungsweisend, sie hat mein Leben und im Anschluss daran auch meine Lehre verändert. Im Übrigen ist die Sorge um einen ausgeglichenen Energiehaushalt für Buddhisten ein zentrales Thema, die Harmonie von Yin und Yang.

NONNE: Ich höre Ihnen gerne zu. Sie erzählen anschaulich, ich konnte mit Ihnen Ihren Weg in die Höhle Hakuyus gehen. Er stand mir ganz lebendig vor Augen. Was mir auffiel, war der Eindruck, in Ihren Worten mehr einem weisen Arzt zu begegnen als einem Mönch. Hakuyu kennt sich aus in der Heilkunde, und Sie haben von ihm gelernt. Er erkennt die Krankheit, stellt seine Diagnose und wird Ihnen ja auch gesagt haben, was Sie zu tun haben.

HAKUIN: Wenn Sie wollen, berichte ich Ihnen noch davon.

ECKHART: Ich höre hier auch den Arzt, ich bewundere Ihre eigenen Kenntnisse, habe mich selbst ja nicht um die Heilkunst bemüht. Doch die Mitbrüder in anderen Orden leisten da Bewundernswertes. Die Krankheit ist für mich interessant im Blick auf die Beziehung des Geschöpfs zu seinem Schöpfer, sie gehört in das Beziehungsspiel, das Gott und Seele, Gott und Ich miteinander spielen. Gott ist es, der nach meiner Ansicht die Krankheit schickt, und der Mensch kann, wenn er erfährt, dass er krank ist, sie als Geschick Gottes annehmen, er kann sich auch dagegen auflehnen und einen Arzt aufsuchen. Oder er kann Gott bitten, dass er die Krankheit von ihm nehme. Ich selbst bitte Gott nicht um Gesundheit, weil ich davon überzeugt bin, dass der liebevolle Gott mich nicht krank sein ließe, wenn es nicht zu meinem Besten wäre. Außerdem möchte ich wollen, was Gott will und nicht versuchen, den Willen Gottes zu verdrehen. Nicht Gott soll wollen, was der Mensch will, nein, der Mensch soll wollen, was Gott will. Und schließlich ist die Gabe der Gesundheit ein so kleines Gut verglichen mit der Liebe, die Gott schenkt, dass ich Gott nicht um eine Bohne bitten will, wo er mir doch von sich aus die ganze Welt, eben seine Liebe, geschenkt hat und fortdauernd schenkt.[160]

NONNE: Ich kann es noch nicht formulieren, aber wenn ich Ihnen beiden zuhöre, dann scheint es, als sprächen sie aus zwei völlig verschiedenen Welten heraus. Einerseits höre ich eine rein immanente Einschätzung einer Krankheit. Da ist etwas aus dem Lot geraten, das muss wieder hergestellt werden. Was ist zu tun? Sie, Eckhart sehen die Krankheit als ein spirituelles Phänomen. Vom menschlichen Fühlen her gesehen, klingt, was Sie sagen, eher befremdend, fast herzlos. Was ist das für ein Gott, der Menschen krank werden lässt, um ihnen Gutes zuzuwenden? Und Sie, Hakuin, legen uns einen Kurbericht vor. Sie machen mich neugierig! Erzählen Sie doch weiter, welche Kur hat der weise Hakuyu denn verschrieben?

HAKUIN: Ich versuche, mich kurz zu fassen, und erinnere daran, dass es uns ja um die verschiedenen Facetten des Ich geht. Ich denke, dass die beiden unterschiedlichen Betrachtungen von Krankheit später eine Klärung finden.

»Meister Hakuyu sagte mir: ›Wenn ein Schüler, der sich mit der Versenkung beschäftigt, merkt, dass er körperlich und geistig erschöpft ist, weil die vier konstituierenden Elemente seines Körpers in einem Zustand der Disharmonie sind, dann sollte er seinen Geist zusammennehmen und die folgende Visualisierung ausüben: Stell dir vor, dass ein Klumpen weicher Butter, rein in Farbe und Duft und von der Größe und Form eines Enteneis, plötzlich auf die oberste Stelle deiner Schädeldecke gelegt wird. Wenn sie langsam anfängt zu schmelzen, dann verleiht dies ein herrliches Gefühl. Dein Kopf wird innen und außen feucht und durchnässt. Es tropft weiter herab, durchfeuchtet deine Schultern, Ellbogen, überzieht die Brust, durchdringt Lunge, Zwerchfell, Leber, Magen und Darm, und bewegt sich weiter nach unten. Es läuft den Rücken hinunter über die Hüften, über Becken und Gesäß.

Während dies geschieht, folgen diesem Abwärtsfluss des Herz-Geistes all die Stauungen, die sich innerhalb der fünf Organe und der sechs Eingeweide angesammelt haben, samt all den Schmerzen im Unterleib und an anderen betroffenen Teilen, und du fühlst, wie er abwärts in den unteren Körperbereich absinkt. Während des ganzen Verlaufs wirst du deutlich ein Geräusch vernehmen, das sich anhört wie Wasser, welches von oben nach unten rinnt. Dieses Fließen wird sich dann weiter nach unten bewegen durch den unteren Körperbereich hindurch, die Beine entlang, die es mit wohltuender Wärme durchströmt, bis es schließlich die Fußsohlen erreicht, wo es bleibt.

Der Übende sollte dann die Versenkung wiederholen. Wenn seine Lebensenergie abwärtsfließt, füllt sie allmählich den unteren Bereich des Körpers, überzieht ihn mit einer durchdringenden Wärme, die er so empfindet, als säße er bis zum Nabel in einem heißen Bad. Das Badewasser empfindet er als angefüllt mit einem Gemisch aus seltenen und wohlriechenden medizinischen Kräutern, die von einem geschickten Arzt gesammelt und aufgebrüht worden sind.‹ (...)

›Ich war ein kranker Jugendlicher‹, sagte Meister Hakuyu, ›und in einer viel schlechteren Verfassung, als du es jetzt bist. Ich habe zehnmal mehr Leiden erfahren, als du sie ertragen hast. Die Ärzte hatten mich zum Schluss aufgegeben. Ich habe Hunderte von Heilmethoden an mir selbst erforscht, aber nicht eine von ihnen hat mir irgendeine Erleichterung verschafft. Ich wandte mich an die Götter und bat um Hilfe. Ich flehte zu den Himmels- und Erdgöttern und bat sie um ihre Hilfe. Nichts geschah. Schließlich half ich mir selbst und stieß dabei auf die wundervolle Methode des Weichen-Butter-Zazen. Meine Freude kannte keine Grenzen. Zielstrebig und mit unerschütterbarer Entschlossenheit machte ich mich an die Übung. Noch ehe ein Monat herum war, verschwanden meine Kümmernisse fast vollständig. Seit jener Zeit bin ich nicht mehr von irgendeiner Beschwerde belästigt worden, sei sie physischer oder geistiger Natur.

Junger Mann, ich habe dir jetzt ein Geheimnis offenbart, das du während deiner ganzen Lebenszeit nicht aufbrauchen kannst. Mehr habe ich dir nicht zu sagen.‹

Es gab einen sehr bewegenden Abschied von Meister Hakuyu, ich setzte meine Zen-Übung dann in einer neuen Form fort, in weniger als drei Jahren – ohne von jeglicher Medizin, Akupunktur oder Moxibustion Gebrauch zu machen – löste sich die Krankheit, die mich jahrelang geplagt hatte, von selbst auf.«[161]

NONNE: Das ist ja eine wunderbare Erfahrung, die Sie machen konnten. Wenn Sie gestatten, fast ein bisschen zu schön, um ganz wahr zu sein, Meister Hakuin. Ich habe den Eindruck, auch Sie neigen dazu, die Wirklichkeit etwas anzureichern und auszuschmücken.

HAKUIN: Ja, das stimmt, ich will auch die einfachen Leute ansprechen, allen ist ja die Buddha-Natur gegeben. Diese Menschen sind oft noch verhaftet in alten Vorstellungen. Sie glauben an Geister und Götter und haben noch nicht akzeptiert, dass ihr Leben in ihrer eigenen Hand liegt. Sie träumen lieber davon, dass es doch so schön wäre, wenn da irgendein Buddha hilfreich die Angelegenheiten des Lebens regelte oder wenn es eine Pille gäbe, die die Erleuchtung bewirken könnte, ganz ohne jede eigene Anstrengung. Ich neige dazu, die Neigungen der Leute, die ich ja auch bei mir kenne, aufzunehmen und sie als Karikatur zurückzuspiegeln. Denken Sie nur an den Aufruf, Meditationspillen zu kaufen, Erleuchtung garantiert. Um sich so in Szene zu setzen, braucht es ein starkes Ich. Ich habe meine Überzeugungen auch als Liedertexte unter die Leute gebracht, da prägen sich die Lehren besser ein.
Eins meiner Straßenlieder beginnt so:
»Hier komm ich, hier komm ich! Hier komm ich!
Hier bin ich!
Das gibt's nur einmal, das gibt's nicht nochmal.
Bei der Verehrung Buddhas, hört mir alle zu!«[162]

Und hier eine Kostprobe aus dem Pillenlied:

»Mein Name ist Odawara Yûsuke; schon vor meiner
Geburt war ich von den Eltern her Apotheker.
Werbung ist zwar in diesem Land gesetzlich verboten, doch hört zuerst die ganze Geschichte von der
Wirkung meines Mittels.
Dieses Mittel, das ich im Eigenvertrieb unter die Leute bringe,
heißt ›Pille zum Erkennen der Eigen-Natur und zum
Buddhawerden‹ und enthält das ›Unmittelbare Zeigen
auf den Geist des Menschen‹.
Nehmt ihr dieses Mittel ein, könnt ihr die Krankheit
der Vier Leiden und der Acht Leiden ertragen
und sowohl das Leid der Unbeständigkeit der Drei
Welten
als auch der Schmerz des Kreislaufs der Wiedergeburten in den Sechs Daseinsbereichen werden leicht und
angenehm. (...)
Ich will ja über niemanden herziehen, aber zurzeit ist
die ›Pille der Sechs Schriftzeichen‹ auf den Markt gekommen.
Nimmt man sie morgens vor und abends nach dem
Essen ein, so stellt sie für den gewöhnlichen Menschen schon eine milde Gabe dar,
nützt aber gar nichts in den Todesqualen.
So ist es auch mit der ›Pille des Anrufens von Amidas
Namen‹, die man gerne im Todesmoment anwendet,
Dieses Mittel kostet drei Sen, aber meine ›Pille zum
Buddhawerden‹ kostet auch nicht einen einzigen Yen.
Damit habe ich euch im Großen und Ganzen alles ge-
sagt, aber es wäre unschicklich,
wenn ich euch jetzt fragte: ›Na, wollt ihr nicht mein
Mittel nehmen?‹«[163]

ECKHART: »Hier komm ich, hier komm ich! Hier komm ich! Hier bin ich! Das gibt's nur einmal, das gibt's nicht nochmal. Bei der Verehrung Buddhas, hört mir alle zu!« Das gefällt mir, ja, es braucht ein starkes Ich, um loslassen zu können. Ich zitiere oft Texte aus der Tradition und setze mich dann von ihnen ab, indem ich sage:»Ich aber sage euch!« Jesus redet auch so.

NONNE: Hakuin, Sie weisen darauf hin, dass Sie einmalig sind oder dass das, was Sie zu sagen haben, einzigartig ist. Und Sie verweisen auf Buddha. Sie sprechen bei Gelegenheit von ihm wie von einer historischen Person, die sich im Rahmen konkreter Umstände auf den Weg gemacht hat und durch seine Erleuchtung im Himalaja den Weg in die Freiheit gefunden hat. Wir können über ihn, Siddharta Gautama, dieses konkrete Ich, diesen Er, sprechen. Ihm ging es allerdings um das *non-ego*, aber auch er sprach vom wahren Ich. Ganz schön kompliziert!

ECKHART: Für mich spielt das Ich eine besondere Rolle im Zusammenhang mit dem Sprechen. Indem ich spreche und *ich* sage, gebe ich zu erkennen, dass ich da bin. In einzigartiger Weise tut das Gott. In der Begegnung mit Mose sagt er von sich: Ich bin der ich bin. Nicht im Sinn von so bin ich halt, ich bin, der ich bin. Gott ist vielmehr in der Loslösung von der Bindung an Namen und Eigenschaften. Moses will ja einen Namen, damit er Gott packen und transportieren kann, aber der zeigt sich lediglich in seinem Sein, und zwar, indem er spricht. Und er vermittelt den Hörern dadurch eben diese Erfahrung, die *Erfahrung zu sein.*

Eltern, die mit Kleinkindern zusammenleben, rühren an die große Erfahrung, die in dieser Formulierung verborgen ist, wenn sie wahrnehmen, dass ihr Kind anfängt zu sprechen. Abgesehen von aller Freude, ob nun Mama oder Papa das erste

Wort ist, allein die Tatsache, dass da ein Wesen ist, aus dem Worte kommen, berührt zutiefst und lässt den Grund erahnen, aus dem diese Worte kommen.

Hier spricht und äußert sich ein Ich, das vor aller Zeit ist – vielleicht meinen Sie das in dem Koan, der in der Frage daherkommt: Was ist dein Gesicht, bevor Vater und Mutter zusammenkamen?

# Worte

NONNE: Soweit ich das übersehe, schreiben Sie beide in unterschiedlichen Textformen. Sie, Hakuin, haben ein breites Spektrum an Äußerungen, Sie schreiben neben Briefen, autobiografischen Schriften und Sutren auch Gedichte, Sie verwenden Tuschemalereien, um Ihr Anliegen voranzutreiben. Zentral ist für Sie die Koanarbeit, bei der sich Meister und Schüler treffen. Im weiteren Rahmen gibt es auch die Lehrgespräche zwischen Meister und Schüler, die Mondos genannt werden.

Bei Ihnen, Eckhart, steht im Mittelpunkt die Predigt in der Muttersprache. Nonnen und Mönche sind Ihre Hörerinnen und Hörer, ebenso wie die sogenannten einfachen Leute, die den Gottesdienst mitfeiern. Neben theologischen Traktaten und Abhandlungen, vor allem in lateinischer Sprache, haben Sie sich im Rahmen der mönchischen Ausbildung auch speziell in einem Lehrgespräch an Ihre Mitbrüder gewandt. Darüber hinaus gibt es auch ein längeres Gedicht, das vielleicht von ihnen, vielleicht aber auch von einem Ihrer Schüler stammt.

Wenn ich die Situation auf einen Punkt bringe, dann stehen sich von der Vermittlungsweise her gesehen, Mondo und Predigt gegenüber, zwei ganz unterschiedlich angelegte Redeweisen und Gesprächssituationen.

Wie sieht die buddhistische Redetradition aus? Die Bewegungen des Geistes, die religiösen Erfahrungen, haben in der buddhistischen Tradition zunächst in Erzählungen und Legenden aus dem Wirkungsbereich Buddhas ihren Ausdruck gefunden, später dann auch in der Form der Sutren. Es entstehen immer noch neue Sutren. Ihr Sutra, Hakuin, ist dafür ja ein gutes Beispiel, Sie selbst schätzen unter den zahlreichen Sutren das Lotus-Sutra besonders. Wobei die Sutren nicht gelesen werden wollen wie eine Informationsschrift, die rational aufzufassen und in Besitz zu nehmen ist, sondern als Leitschnur eines Weges, eines Weges, der in die Erfahrung dessen führt, wovon die Rede ist.

Mit der Zeit entstand außerdem eine Sammlung von besonderen Sätzen der Zen-Meister, die oft Teil eines Gesprächs zwischen Meister und Schüler waren und sind. Bedeutsam ist, dass es sich um eine konkrete Gesprächssituation handelt, es ereignet sich also etwas zwischen zwei Menschen, die persönlich betroffen sind. Es geht nicht um die abgehobene Formulierung ewiger Wahrheiten, die Beachtung beanspruchen, sondern um die Erfahrung des Augenblicks, so wie er sich in der Begegnung zwischen Meister und Schüler, Meisterin und Schülerin darstellt. Es ist gar nicht einfach, wahrscheinlich sogar unmöglich, diese Momente angemessen sprachlich wiederzugeben.

»Das typische Mondo besteht meistens aus einer Frage und einer Antwort. Der Dialog zeichnet sich daher meistens durch äußerste Knappheit und Kürze aus. Es ist eine wahre verbale Schlacht. Und der Kampf ist sofort beendet, genau wie ein echter Schwerterkampf zwischen zwei japanischen Schwertmeistern. Es gibt keinen Raum für die *dialektike*. Der Zen-Dialog dauert nicht so lange wie ein platonischer Dialog, der endlos währen kann, bis zu den äußersten Grenzen der logischen Entwicklung und der intellektuellen Ausarbeitung eines vorgegebenen Themas.«[164]

Der Weg des Sokrates nähert sich der »Wahrheit« mäandernd, der Mondo trifft sie direkt.

Die Koanarbeit, von der wir schon sprachen, gehört in diesen Zusammenhang. Nur kommt hier in der Regel nicht ein Schüler zum Meister und stellt eine Frage, sondern der

Meister gibt vielmehr das Koan dem Schüler wie eine Nuss, die er knacken soll. Wobei nicht nur der Satz die Nuss ist, nein, der Schüler oder die Schülerin selbst in ihren Denkmustern und Vorurteilen wollen als Nuss geknackt werden. Ein Beispiel für ein Mondo:»Ein Mönch stellte Pai-chang, die Frage: ›Was ist das wunderbarste Ereignis auf Erden?‹ Pai-chang antwortete: ›Hier sitze ich ganz für mich selbst.‹ Der Mönch neigte sich vor dem Meister, und dieser schlug ihn.«[165] Meist endet das Mondo mit der Feststellung:»Und der Mönch erlangte die Erleuchtung.« Hier steht das nicht. Zu diesem Mondo gibt es verschiedene Kommentare, Erläuterungen, Erklärungen, die sich aus den entstehenden Fragen ergeben und erkennen lassen, wie komplex diese kurze Form ist. Wer möchte nicht das wunderbarste Ereignis auf Erden kennenlernen? Lässt sich ein Ereignis in Worte fassen oder sogar wiederholen? Will der Mönch den Meister hereinlegen und zu einer Antwort verführen, zu einer Antwort, die es gar nicht geben kann? Reicht es, für sich selbst zu sitzen, und überlässt man dann die Welt ihrem Schicksal? Warten nicht alle Lebewesen auf ihr Erwachen und auf Menschen, die ihnen dabei helfen? Und die Verneigung, war sie passend? Und wenn ja, weshalb? Was wollte der Mönch mit der Verneigung zum Ausdruck bringen? Hatte er den Meister verstanden? Wurde der Mönch geschlagen, weil er geheuchelt hatte? Wenn es so ist, woher wusste der Meister das?

Diese und andere Fragen stellen ein dichtes Netz von Denkwegen und Antworten her, die sich entsprechen oder widersprechen können. Bestenfalls umkreisen sie das Geheimnis, das verborgen bleibt. Wenn man sich dem Mondo rational nähert. Im Zen durchtrennt der Meister das Netz durch den Schwertstrich seiner Antwort.

Eine solche Situation zwischen Schüler und Meister kennt

man nicht nur im Buddhismus. Auch die Bibel kennt ähnliche Begebenheiten. Hier ein Text, in dem es um die Begegnung Jesu mit andern Rabbinern geht. Sie sind ihm nicht wohl gesonnen. Vielleicht wollen sie ihn in Verlegenheit bringen:

»Jesus aber ging zum Ölberg. Am frühen Morgen begab er sich wieder in den Tempel. Alles Volk kam zu ihm. Er setzte sich und lehrte es. Da brachten die Schriftgelehrten und die Pharisäer eine Frau, die beim Ehebruch ertappt worden war. Sie stellten sie in die Mitte und sagten zu ihm: Meister, diese Frau wurde beim Ehebruch auf frischer Tat ertappt. Mose hat uns im Gesetz vorgeschrieben, solche Frauen zu steinigen. Nun, was sagst du? Mit diesen Worten wollten sie ihn auf die Probe stellen, um einen Grund zu haben, ihn zu verklagen. Jesus aber bückte sich und schrieb mit dem Finger auf die Erde. Als sie hartnäckig weiterfragten, richtete er sich auf und sagte zu ihnen: Wer von euch ohne Sünde ist, werfe als Erster einen Stein auf sie. Und er bückte sich wieder und schrieb auf die Erde. Als sie das gehört hatten, ging einer nach dem anderen fort, zuerst die Ältesten. Jesus blieb allein zurück mit der Frau, die noch in der Mitte stand. Er richtete sich auf und sagte zu ihr: Frau, wo sind sie geblieben? Hat dich keiner verurteilt? Sie antwortete: Keiner, Herr. Da sagte Jesus zu ihr: »Auch ich verurteile dich nicht. Geh und sündige von jetzt an nicht mehr!«[166]

Hier handelt es sich offenkundig um eine Fangfrage. Statt einer verbalen Antwort, die ihn in das Gestrüpp von Widersprüchen, Meinungen und Missverständnissen führen würde, bückt sich Jesus und schreibt mit dem Finger in den Sand. Treten die Pharisäer hinter ihn, um auf dem Boden lesen zu können, was er da schreibt? Vielleicht einen weisen Satz, ein Zitat aus der Schrift, das ihre Frage beantwortet? Was könnte er geschrieben haben? Oder hat er ein Bild gezeichnet, und wenn ja, was hat er da gemalt? Die Pharisäer lassen nicht locker, sie fragen weiter, sie bleiben dran. Und Jesus kommt ihnen scheinbar entgegen. Er antwortet mit einer Gegenfrage, einer Frage, die dann aber eine andere Ebene öffnet und die zu Anfang gestellte Frage aus den Angeln hebt. Es geht auf einmal nicht mehr um das Vergehen der Frau, sondern um die Innenwelt der Ankläger. »Wer von euch ohne Sünde ist, werfe als Erster einen Stein auf sie.« Sie ziehen sich zurück und gehen. Wie sie weggehen, bleibt offen. Grimmig, nachdenklich, beglückt?

Dann verlässt der Autor der Geschichte die Ebene des Mondo und er kommt zu einer Erzählung, in der die Beziehung Jesu zu der Frau vor ihm einsehbar wird. Jesus nimmt die Frau wahr, fragt, sie antwortet, er schickt sie in eine neue Welt.

Ein weiteres Beispiel aus der Welt des Zen-Buddhismus, es stammt aus der Sammlung der 100 Zen-Koan:

»Hsüan-sha sandte einen Mönch zu seinem alten Lehrer Hsüeh-fêng mit einem Begrüßungsschreiben: Dieser versammelte seine Mönche um sich und öffnete den Brief in ihrer Gegenwart. Der Umschlag enthielt nichts als drei unbeschriebene Blätter. Hsüeh-fêng zeigte den Mönchen das Papier und sagte: ›Versteht ihr?‹ Er erhielt keine Antwort und fuhr fort: ›Mein verlorener Sohn schreibt genau das, was ich denke.‹ Als der Bote zu Hsüan-sha zurückkehrte, erzählte er ihm, was sich im Haus Hsüeh-fêngs zugetragen hatte. ›Mein alter Herr wird kindisch‹, bemerkte Hsüansha.«[167]

Ein Text, der unterschiedliche Ebenen spiegelt und eine tiefe Verunsicherung auslösen kann. Hsüan-sha scheint respektvoll seinem alten Lehrer einen Brief zu schreiben. Dieser achtet ihn, so sieht es aus, und versammelt seine derzeitigen Schüler, um in ihrer Anwesenheit den Brief zu öffnen. Vielleicht will er ihnen auch zeigen, dass frühere Schüler ihn immer noch achten und wertschätzen. Und dann geschieht die große Überraschung: Der Brief enthält drei unbeschriebene Blätter. Tiefe Symbolik oder schlicht eine Frechheit? Hsüeh-fêng zeigte den Mönchen das Papier und sagte:»Versteht ihr?« Wisst ihr die Antwort? Er erhielt keine Antwort. Warum trauen sich die Mönche nicht; eine treffende Antwort könnte das ganze Spiel durchstoßen. Keiner traut sich, und der alte Meister fuhr fort:»Mein verlorener Sohn schreibt genau das, was ich denke.« Als Hsüan-sha vom Verhalten seines Meisters hört, fegt er jeden erdenklichen Sinn vom Tisch:»Mein alter Herr wird kindisch«, bemerkt er. Die Bemerkung kann Anstoß zu weiteren Fragen und Vermutungen sein, sie kann auch in die Stille führen.

HAKUIN:»Wie können Worte nur so ehrfurchtgebietend schwierig sein? Ihr müsst gleichwohl verstehen, dass in dem, was für euch nur ein Haufen verwirrender verbaler Verwicklungen ist, ein kleines, aber wundersames Etwas ist, das Wunder zu wirken vermag.«[168]

ECKHART: Dies kleine Etwas, das ist das, was auch mich interessiert, für mich ist es der Seelenfunke, die Kraft in der Seele – und ich verwende dafür auch den Ausdruck Gott. Meine Form zu sprechen, ist die der Predigt, von außen gesehen manchmal auch »ein Haufen verwirrender verbaler Verwicklungen«. Während der Mondo wohl die Möglichkeit eröffnet, von der Wirklichkeit wie von einem Blitz getroffen zu werden, ist die Predigt schon das, was es zu erkennen, was es zu sein gilt: Wort Gottes. Die Predigt selbst, der Vorgang des Sprechens ist das Wort Gottes. Das klingt sehr abstrakt und etwas kryptisch und abgehoben in der Erinnerung an manche ermüdende Predigt; ich hoffe, ich kann zeigen, wie viel Leben in den beiden Wörtchen »Wort Gottes« steckt.
Normalerweise wollen Prediger informieren und zur Umkehr

motivieren, sie erinnern an die Heilstaten Gottes in der Vergangenheit und wollen, dass sich die Menschen Gott zuneigen. Im Dominikanerorden, dem ich angehöre, geht es beim Predigen im Wesentlichen darum, *contemplata aliis tradere*, d. h., Leben anderen weitergeben, das sich vor dem Predigen in der Kontemplation entfaltet hat, das, angeregt durch den Text und die Wirkung von Gottes Geist, im Inneren des Predigers gewachsen ist. Da wird nicht ein vergangenes Objekt wie ein Paket weitergereicht, sondern Gottes Wort wird erst im Innern freigesetzt und dann erneut ins Leben gebracht. Die Predigt kommt aus dem aktuellen Inneren des Predigers. Was gesagt wird, ist authentisch. Das weckt die Zuhörerinnen und Zuhörer eher auf, als wenn nur kommentiert wird, was in den heiligen Schriften steht.

Bis jetzt bewegen wir uns noch im vertrauten Verständnis der Tradition, mein eigenes Verständnis geht darüber jedoch hinaus. Wenn ich spreche, dann spreche im Grunde nicht ich, dann bin ich vielmehr ER, SEIN Wort, das ER nach außen in die Welt spricht und gleichzeitig im Innern bei sich bewahrt und birgt.

Schon im alltäglichen Leben gilt:»Was in mir ist, das geht aus mir heraus; wenn ich es auch nur denke, so offenbart es mein Wort und bleibt doch drinnen. Ganz so spricht der Vater den Sohn ungesprochen, und der bleibt doch in ihm. Ich habe es auch schon öfters gesagt: Gottes Ausgang ist sein Eingang. So viel ich Gott nahe bin, so viel spricht Gott sich in mich.«[169]

Und ich kann fortfahren: So viel spreche ich mich in ihn.»Gott *ist* ein Wort, das sich selbst spricht. Wo immer Gott ist, da spricht er dieses Wort; wo immer er nicht ist, da spricht er (auch) nicht. Gott ist gesprochen und ist ungesprochen. Der Vater ist ein sprechendes Werk, und der Sohn ist ein wirkender Spruch (...) Gott ist ein Wort, das sich selber spricht.«[170]

HAKUIN: Die Worte aus dem Munde Kashyapas (eines der sieben Weisen im Hinduismus, in der Mythologie der Vater der Götter und Menschen), sie »sind wie heftige Blitze, die auf einen Granitfelsen niedergehen und ihn zerschmettern. Sie versetzen sogar Weise der drei Ränge in heftigste Panik, sie jagen auch denen Schrecken ins Herz, die die vier Verwirklichungen erreicht haben. Doch die blinden glatzköpfigen Bonzen, die heutzutage in den Tempeln wohnen, verbreiten sich wissentlich wie folgt darüber: ›Die Fahne steht für das (...) Und die Fahne herunterzuholen bedeutet (...).‹ Das ist so, als wollten blinde Menschen versuchen, Farben zu unterscheiden.« Ich beziehe mich dabei auf den folgenden Dialog: Ananda fragt Kashyapa: »›Von der Übertragung des Gewandes aus Goldbrokat einmal abgesehen, welchen Dharma hat der Weltverehrte dir anvertraut?‹ – ›Ananda‹, antwortete Kashyapa, ›Geh hin und hole am Tor die Fahne ein!‹.«[171]

Da haben Sie noch einmal ein Mondo und ein Beispiel, wie tote Bonzen mit dem Leben umgehen, sie fangen an zu deuten und zu erklären:»Das bedeutet dies und das jenes.« Und dann wundern sie sich, dass sich auf einmal keine Spur von Leben mehr regt.»Sinnlose Erläuterungen. Ein irregeleitetes Verständnis, dem kein Leben innewohnt! Ich bekomme jedesmal Bauchschmerzen, wenn ich solchen Schund sehen und hören muss. Ich möchte dann jedes Mal kotzen.«[172] Ganz im Unterschied zu den Wende-Worten, die aus dem Mund der Meister, z. B. in einem Mondo kommen. Es gibt manche Redewendung, die »sogar eine höhere Wertschätzung verdiente als eine echte buddhistische Reliquie, die jedermann so tief verehrt.«[173] Wende-Worte sind Worte, die einen Menschen, dessen Geist tot scheint,»in einen Mönch mit strahlendem Blick und von ehrfurchtsvoller Vitalität verwandeln.«[174]

»Es ist als stieße ein alter Tiger ein lang anhaltendes Brüllen aus, das das Blut in den Adern gerinnen lässt, und träte so aus dem Wald hervor: Er jagt den Kaninchen, Füchsen, Dachsen und dergleichen solch eine Todesfurcht ein, dass sie hilflos mit weichen Knien, hin und her laufen, ihre Leber versteinert, die Augen starr in glasigem Blick, und unwillkürlich Kot und Urin ausscheiden. Warum sie auf diese Weise reagieren? Weil der Tiger mit Klauen aus Stahl und einem Satz von goldglänzenden Reißzähnen, wie ein Wald aus rasiermesserscharfen Schwertern, bewaffnet ist. Ohne diese Waffen würden sich Tiger in nichts von andern Lebewesen unterscheiden. Daher auch die folgenden Worte eines Zen-Meisters der Vergangenheit: [...] ein Widmungsgedicht, das Huo-an Shi-ti auf ein Bildnis des Boddhisattva Avalokiteshvara (Kannon) geschrieben hatte:

›Er verharrt nicht im Haus seines ursprünglichen Seins
und stiftet überall Verwirrung unter den Menschen der Welt.
Wie sie da zu ihm aufblicken, in ehrfürchtiger Anbetung,
haben sie zwar Augen und können ihn doch nicht sehen.
Die natürlichen Schönheiten von Chang-an sind zeitlos,
warum nur tasten die Leute sich blind an seinen Mauern entlang?‹«[175]

ECKHART: Ein eindrucksvolles Bild für die Macht des Wortes. Es ist klar, so würde ich nicht sprechen. Sie verwenden starke Bilder, die Ihrem Kulturkreis entstammen. Für mein Verständnis wird das wirkmächtige Wort aus der Abgeschiedenheit heraus gesprochen. Da gibt es keinen Wunsch, etwas zu erklären oder zu übermitteln, kein Anliegen, etwas zu erreichen, keine Klage und keinen Lobpreis, das wirkmächtige Wort kommt aus dem Nichts. Im Brief des Paulus an die Hebräer heißt es: »Denn lebendig ist Gottes Wort, wirksam und schärfer als jedes zweischneidige Schwert; es dringt durch bis zur Scheidung von Seele und Geist, Gelenken und Mark; es richtet über Regungen und Gedanken des Herzens.«[176]

Mit meinen Worten: »Nun (aber) ist die Abgeschiedenheit dem Nichts so nahe, dass nichts so fein (subtil) ist, dass es sich in der Abgeschiedenheit halten könnte, als Gott allein. (Nur) der ist so einfaltig und so feinfügig, dass er sich an dem abgeschiedenen Herzen wohl halten kann. Daher ist die Abgeschiedenheit für nichts empfänglich als für Gott. (...) Nun rührt (aber) Abgeschiedenheit so nahe an das Nichts, dass zwischen vollkommener Abgeschiedenheit und dem Nichts nichts sein kann.«[177]

Noch einmal: »Ich habe schon öfter gesagt: Die Schale muss zerbrechen, und das, was darin ist, muss herauskommen; denn willst du Kern haben, so musst du die Schale zerbrechen. (...) Willst du die Natur unverhüllt finden, so müssen die Gleichnisse alle zerbrechen, und je weiter man eindringt, umso näher ist man dem Sein. Wenn die Seele das Eine findet, in dem alles eins ist, da verharrt sie in diesem einzigen Einen.«[178]

»Könntet ihr mit meinem Herzen erkennen, so verstündet ihr wohl, was ich sage; denn es ist wahr, und die Wahrheit sagt es selbst.«[179]

Wahr ist ein Wort, wenn es wirklichkeitsvoll den Menschen existenziell trifft, so trifft, dass er nicht entkommen kann, sondern vielmehr in das Wort hinein stirbt. In der biblischen Tradition ist dies etwa die Aufforderung Jesu: »Wenn du vollkommen sein willst, geh, verkauf deinen Besitz und gib ihn den Armen; und du wirst einen Schatz im Himmel haben; und komm, folge mir nach!«[180]

In der Abgeschiedenheit sind Gott und Mensch eins, Gott und Mensch sind als Individuen vernichtet und da. Sie äußern sich und verbergen sich im Wort.

HAKUIN: Man kann das Dharma nicht mit Hilfe von Worten und Erklärungen weitergeben. Bücher zu schreiben ist sinnlos. Man kann nicht sagen, was es ist. Nur eine Sprache, die offen ist und leer, deren Sinn man vertrieben hat, kommt ihm nahe. Es ist aus sich selbst.[181] Ich habe verstanden, dass Ihre Predigt kein Text ist, über den man nachdenken sollte, um ihn zu verstehen. Wie bringen Sie durch die Predigt Menschen in den Zustand der Abgeschiedenheit?

ECKHART: Was für das ganze Leben gilt, gilt auch für die Situation der Predigt, gilt für den Prediger ebenso wie für die Hörerinnen und Hörer. Es geht darum, loszulassen, leer zu werden, abgeschieden – und in der Offenheit sich vom Wort treffen zu lassen. Ich spreche immer wieder davon. »Richte dein Augenmerk auf dich selbst, und wo du *dich* findest, da lass von dir ab; das ist das Allerbeste.«[182] In meine Predigten spreche ich nicht nur über dieses Thema, ich spreche und weiß mich, indem ich nach innen höre und spreche, als Teil des göttlichen Lebensvollzugs. Teil ist zu quantitativ, zu sehr Objekt, mutiger könnte ich sagen, ich bin in der Lauterkeit der göttliche Lebensvollzug – ohne mich als Kreatur zu vergessen. Und der Vollzug ist wesentlich ein durchsichtiges Sprechen und durchlassendes Hören. »Wir alle haben die (menschliche) Natur mit Christus gemeinsam, und zwar in gleicher Weise und in gleichem Sinne. Das begründet unser Vertrauen, dass das Fleisch gewordene Wort, wie in Christus, so auch im eigentlichen Sinne in einem jeden von uns wohne.«[183] Ähnlich wie die Lebensbewegung Gottes in Christus eine Entleerung, eine Kenosis, ist, so ist meine Predigt und damit auch das Leben der Zuhörerinnen und Zuhörer eine fortschreitende Entleerung, eine Hineinführung ins Nichts. Ich könnte auch sagen: hinein in die Empfänglichkeit, ins Hören. Mit der Entleerung geht ja die Erfüllung einher. Dies geschieht im Lauf des Lebens, dies geschieht auch in meiner Predigt.

Sie werden ein Beispiel hören wollen. Hier nochmals eine Passage aus einer meiner Predigten, Sie kennen sie schon: »Es ist eine Kraft in der Seele, und nicht nur eine Kraft, vielmehr ein Sein, und nicht nur ein Sein, vielmehr etwas, das vom Sein löst, – es ist so lauter und so hoch und so edel in sich selbst, dass keine Kreatur da hineinkann, sondern einzig Gott, der wohnt darin. Ja, in voller Wahrheit: Gott selbst auch kann nicht da hinein, soweit er ein Wie an sich hat, (…) vielmehr einzig nur mit seiner bloßen göttlichen Natur kann Gott da hinein.«[184] Ich nenne noch einmal die Punkte, die zunächst Sicherheit bieten, die dann aber losgelassen werden, bis der Hörer ins Offene geführt wird: eine Kraft in der Seele – vielmehr ein Sein –, etwas, das vom Sein löst – unerreichbar lauter, hoch, edel. Nur Gott wohnt darin, Gott selbst kann nicht hinein, nur die bloße göttliche Natur

Ein weiteres Beispiel aus einer meiner Predigten:

»Wie fein, wie lauter das auch sein mag, mittels dessen ich Gott erkenne, es muss hinweg. Ja, sogar, wenn ich das Licht, das wirklich Gott ist, nehme, insofern es meine Seele berührt, so ist dem unrecht: ich muss es in dem (d. h. da) nehmen, wo es ausbricht. Ich könnte das Licht nicht recht sehen, wo es auf die Wand scheint, wenn ich nicht mein Auge dahin kehrte, wo es ausbricht. Und selbst dann, wenn ich es da nehme, wo es ausbricht, muss ich auch dieses Ausbrechens noch entledigt werden; ich muss es nehmen, so wie es in sich selbst schwebend ist. Ja, selbst dann noch, sage ich, ist es das Richtige nicht: ich muss es nehmen, wo es weder berührend noch ausbrechend noch in sich selbst schwebend ist, denn das ist alles noch (Seins-) Weise. Gott aber muss man nehmen als *Weise ohne Weise* und als *Sein ohne Sein*, denn er hat keine Weise.«[185]

Wie deutlich wurde, führt Reduktion in die Haltung der Gelassenheit. »Als Zuhörer oder Zuhörerin des Redeflusses kann

dass eine

in der
Seele ist

Kraft                                                        © Kaeppler

man den Strom vom Ufer aus betrachten, man kann ihn auch messen und wissenschaftlich analysieren, seine Stromschnellen, die träge dahinfließenden Passagen, auch den Stillstand in manchem Seitenarm, man kann auch feststellen, wie der Sturm den Fluss fast bergauf fließen lässt oder wie der Himmel sich in ihm spiegelt oder Regenfluten sich mit ihm vermählen, zum Leben jedoch kommt nur, wer den scheinbar sicheren Boden verlässt, wer das feste Ufer hinter sich lässt und in den Strom der Reduktion hineinspringt.«[186]

# Hakuins »Lied von der Meditation«

NONNE: Von Ihnen, Hakuin, stammt das »Lied von der Meditation«, das ich in einzelnen Abschnitten versuchen möchte zu kommentieren.[187]

*»Die Lebewesen sind im Grunde alle Buddha.*
*Es ist wie bei Eis und Wasser,*
*ohne Wasser gibt es kein Eis.*
*Wo fänden wir Buddha außerhalb der Lebewesen?«*

Die zentralen Aussage wird im ersten Satz gesetzt: »Die Lebewesen sind im Grunde alle Buddha.« Da wird nicht gefragt, ob der Hund Buddha-Natur habe, kein Wesen wird ausgeschlossen. Alle sind Buddha-Natur, so, wie die verschiedenen Kristallformen des Eises alle zurückgehen auf Wasser, d. h. sie gehen nicht zurück in einen früheren Zustand, sie sind Wasser. Dass die Lebewesen im Grund Buddha sind, könnte in dem Sinn missverstanden werden, dass man nach einem Weg des Abstieges zum Grund komme und da auf Buddha stoße. Die Worte »Buddha« und »Grund« sind aber eher zu verstehen als zwei Hinweise auf eine Wirklichkeit, auf die man nur hinweisen kann.

*»Nicht wissend wie nahe die Wahrheit ist,*
*suchen wir sie weit weg – wie schade!*
*Wir gleichen jemandem, der mitten im Wasser steht und*
*vor Durst nach Wasser schreit,*
*oder der aus reichem Hause stammt und unter den*
*Armen umher irrt.«*

Hakuin schließt sich nicht aus, auch er scheint immer wieder zu vergessen, wie reich er ist. Er macht sich auf und besucht besondere Orte, hält Ausschau nach besonderen Meistern. Und dann, wenn er nach einem Erweckungserlebnis glaubt, es nun endlich zu wissen und Buddha zu haben, dieses Es, das Dharma, die Wahrheit, das große Leben: Im gleichen Moment wird er zu jemandem, der mitten im Wasser steht und vor Durst nach Wasser zu schreien beginnt.

>*Der Grund, warum wir so durch die sechs Welten wandern,*
*ist der, dass wir in der Dunkelheit der Unwissenheit verloren sind.*
*Uns weiter und weiter im Dunkeln verirrend,*
*wann werden wir uns von Geburt und Tod befreien können?*«

Die große Begabung Hakuins, in Bildern zu sprechen, wird hier deutlich: vom Grund ist wieder die Rede, der aber hier im Sinn von Anlass oder Motiv verstanden wird. Die Lebenswanderung durch die sechs Welten erscheint als Metapher, sie meint »die verschiedenen Daseinsformen, innerhalb derer die Wiedergeburten stattfinden, und die den Kreislauf des Lebens ausmachen.«[188] Dabei sind die Wanderer in Dunkelheit gehüllt, verloren, sich fremd, sie wissen nicht wohin und woher. Hakuin beobachtet, wie die Verirrung zunimmt, eine Dunkelheit gebiert die nächste. Und er spricht damit an, was allen ein wenig aufmerksam lebenden Menschen bekannt ist: die zunehmende Verstrickung in selbst gemachte Probleme. Ob es da Rettung gibt, kleidet Hakuin in die Form einer Frage. Er fragt allerdings nicht ob, sondern wann die Rettung kommt: »Wann werden wir uns von Geburt und Tod befreien können?« Da geht es für ihn nicht um die Lösung mehr oder weniger großer Probleme, da geht es um alles: um die Befreiung von Geburt und Tod. Und eins ist deutlich: es wird kein Retter erwartet, der von außen kommt und die Menschen aus der Dunkelheit ins Licht führt. Hakuin fragt, wann werden wir uns befreien können? Das schließt nicht aus, dass in der Versammlung des Wir eine bzw. einer dem und der andern beisteht, im Grund jedoch ist die Selbstbefreiung Lebensaufgabe eines jeden Einzelnen. Für die Ohren buddhistischer Zuhörer klingt in den Worten »von Geburt und Tod befreien« das Lebensverständnis eines sich wiederholenden Kreislaufes an. Samsara, ein Kreisen, das in Geburt und Tod seinen Anfang, sein Ende, aber auch seinen wieder neuen Anfang hat, bis der Mensch sich aus diesem Kreislauf der Existenzen lösen kann. Eine Existenz bedingt die andere, jede Form von Gesinnung und jede Tat wirkt weiter, prägt die nächste Entscheidung, ein Lernprozess, der über mehrere Generationen in die Freiheit führen kann.

*»Was das Zazen des Mahayana anbetrifft,*
*gibt es nicht genug Worte, um es ausreichend zu loben.*
*Wohltätigkeit, richtiger Lebenswandel, Anrufung von*
*Buddhas Namen, Reue*
*und viele andere verdienstvolle Taten –*
*all dies vereinigt sich im Zazen.«*

Die Zen-Übung ist eine neben verschiedenen anderen Übungen, die den »mittleren Weg« anstreben, eine Weise, die möglichst allen Lebewesen die Erleuchtung ermöglichen möchte und Extreme vermeidet. Hakuin fällt in dem oben zitierten Abschnitt in den Tonfall eines Werbetexters. Seine Redeweise erinnert daran, wie er »Erleuchtungspillen« zum Kauf anpries. Noch einmal zur Erinnerung: »Rezept für die Pille zum Erkennen der Eigen-Natur und zum Buddhawerden:»Mein Name ist Odawara Yûsuke;

schon vor meiner Geburt war ich von den Eltern her Apotheker. Werbung ist zwar in diesem Land gesetzlich verboten, doch hört zuerst die ganze Geschichte von der Wirkung meines Mittels.

Dieses Mittel, das ich im Eigenvertrieb unter die Leute bringe, heißt ›Pille zum Erkennen der Eigen-Natur und zum Buddhawerden‹ und enthält das ›Unmittelbare Zeigen auf den Geist des Menschen‹.«[189]
»Wohltätigkeit, richtiger Lebenswandel, Anrufung von Buddhas Namen, Reue und viele andere verdienstvolle Taten – all dies vereinigt sich im Zazen« – Hakuin weiß, wovon er spricht, er kennt und liebt seine Übung und preist sie an, auch mit Witz und Ironie.

Sein Verhältnis zur Anrufung von Buddhas Namen, ist, wie wir sahen, zwiespältig. Er lehnt diesen Weg ab, wenn es sich um selbstgefällige Bewegung in der Vorstellungswelt des Reinen Landes handelt, um eine Art Selbstbetäubung, die glaubt, es reiche, sich edle und hehre Inhalte einzuflößen, indem man den Namen Buddhas wiederholt.

Von dieser Weise unterschieden ist die Wiederholung des Namens, ohne anzuhaften an Assoziationen und Bildern. Diese nicht anhaftende Weise löst sich immer wieder von auftauchenden Phänomenen und geht durch Himmel und Hölle der Gefühlswelt sowie durch die Wahrnehmung unterschiedlicher körperlicher Eindrücke, sie löst einen tiefen Prozess aus.

Wohltätigkeit und ein guter Lebenswandel sind einerseits eine Hinführung zur rechten Einsicht in die Wirklichkeit, sie sind andererseits Folge und Ausdruck der gewonnenen Daseinsweise. Wer die wahre Natur erkannt hat, wer ihr in sich Raum gegeben hat, handelt natürlich, mitfühlend, empathisch, weil sie so ist.

*»Selbst ein einziges Sitzen in reinem Zazen*
*löscht die zahllosen Irrtümer der Vergangenheit.*

*Wo sind dann die schlechten Wege, die uns irreführen?*
*Das Reine Land ist zum Greifen nah.«*

Ein »Sitzen in reinem Zazen«, was ist damit gemeint? Wem kann es gelingen? Wird es nicht geschenkt? »Reines Zazen«, wer wollte sagen, was das ist? Meint es die vollkommene Stille der Gedanken und Empfindungen? Dasein ohne Ablenkung? Voller Liebe? Sich wahrnehmen in der eigenen Soheit?

Wenn es gelingt, wenn es geschenkt wird, dann ist es wie ein Wirbelwind, der sämtlichen Staub der Welt hinwegfegt, die Zeit ist aus den Angeln gehoben, die Zukunft spielt keine Rolle, es gibt nur das Sitzen, ein einziges Sitzen. Wie spricht man, worüber man nicht sprechen kann? »Einzig« meint nicht einen Punkt neben andern, sozusagen die kleinste Einheit der Zeit. Das »reine« Zazen hat nicht ein schmutziges Zazen neben sich, von dem es sich unterscheidet, sodass man auf es zeigen kann: Seht da, das reine Zazen! Leichter und dem menschlichen Sprechvermögen angemessener ist es, zu sagen, wann man *nicht* vom reinen Zazen sprechen kann. Immer dann, wenn jemand sitzt und in Gedanken umherschwirrt, wenn jemand sitzt und denkt, er oder sie tue etwas Sinnvolles, wenn jemand sitzt und darauf aus ist, in den Zustand der Erleuchtung zu kommen, wenn jemand sitzt und darauf wartet, dass der Meister oder die Meisterin ihn lobt ...

Bei diesem einen Mal, wo das reine Zazen sich ereignet, ist das »Reine Land zum Greifen« nah. Hakuin holt es aus der Ferne, in die es meistens projiziert wird, nah heran, so nah, dass man es greifen kann. Er könnte noch einen Schritt weitergehen und sagen: »Dann bist du selbst das Reine Land.« Das tut er dann später, wenn er aufgreift, was im Hannya Shingyo zur Sprache kommt, wenn es heißt: Form ist Leere. Offen bleibt hier, was mit dem »Reinen Land« gemeint ist, und wiederum lässt sich besser sagen, was es nicht ist. Im Koordinatensystem der Erde ist es nicht zu finden, es ist nicht hier oder dort, wenn auch noch so viele Menschen unterwegs sind in der Hoffnung, es zu finden. Es ist auch nicht außerhalb der Zeit, irgendwann einmal. Üblicherweise kommt jetzt der Satz: »Es ist vielmehr hier und jetzt, du bist das Reine Land.« Das ist richtig, aber der Versuch, den Satz vor Missverständnissen zu schützen, ist endlos. Der Zugang liegt wohl im schweigenden Innewerden.

*»Wer diese Wahrheit mit demütigem Herzen hört*
*und sie auch nur ein einziges Mal lobend und freudig*
*ehrt,*
*wird mit Sicherheit unendlichen Segen empfangen.*
*Doch wenn wir uns hinein versenken und die Wahrheit*
*bezeugen,*
*dass das Wesen des Selbst Nicht-Selbst ist,*
*haben wir wahrhaftig alles unreife Geschwätz*
*überwunden.«*

Wie bislang schon, so wird auch hier deutlich, wie problematisch die Übertragung vom Japanischen ins Deutsche ist, erst recht, wenn diese über den Umweg der Übersetzung ins Englische erfolgt. Ich nenne einige Begriffe: »Wahrheit«, »demütig«, »Herz«, »ehren«, »unendlicher Segen«, »bezeugen«, »das Wesen des Selbst«. Mit diesen Begriffen öffnen sich weite Wortlandschaften, die sich außerdem auch noch zum Teil überlappen. Für westliche Ohren klingen zahllose Assoziationen an, sie reichen weit in die Geschichte zurück und sind geprägt von religiösen, philosophischen und politischen Ereignissen und Einsichten. All diese Begriffe haben auch eine Geschichte des Missbrauchs.
Eins nun scheint aus der Struktur der beiden Sätze deutlich zu werden: Die Aussage des zweiten Satzes übertrifft die

des ersten. Sich in die Wahrheit hinein zu versenken kommt ihr näher, als die Wahrheit zu hören, anzuerkennen und zu loben. In jedem Fall ist das unendlich segensreich. – Wer segnet denn da und was meint hier »segnen«? Schwer zu sagen, und doch bleibt der Eindruck, man verstünde, wovon die Rede ist. Aber was versteht ein Japaner, ein Buddhist, ein Zen-Buddhist zum Beispiel unter einem Begriff wie »segnen«?

Deutlicher auszumachen ist auch hier wieder der Missbrauch der Worte, es gibt das unreife Geschwätz über das Selbst, das Reine Land, die Wahrheit. Hakuin nennt die Bedingung für ein angemessenes Sprechen: Wenn wir uns hinein versenken und die Wahrheit bezeugen, dass das Wesen des Selbst Nicht-Selbst ist, haben wir wahrhaftig alles unreife Geschwätz überwunden.

Dem bezeugenden Sprechen und Handeln geht die Versenkung voraus. Sich versenken, wie man einen Stein versenkt, der eigenen Schwerkraft folgend, absichtslos und frei von Eigensinn, keinen Nutzen erzielen wollen. Wer dazu bereit ist und den Schritt auch immer wieder tut, dem erschließt sich das Wesen des Selbst. In die Erschließung birgt sich die Verhüllung, das Wesen zeigt sich, es erscheint und es verhüllt sich gleichermaßen.

Dieses Sutra hier und andere Sutren sind Weisen des Bezeugens der Wahrheit, lobende und ehrende Rühmung.

*»Das Tor zur Einheit von Ursache und Wirkung ist offen, der Weg von Nicht-Zweiheit und Nicht-Dreiheit geht geradeaus.«*

Dieser Satz wirkt wie eine große Einladung: Das Tor ist offen, der Weg geht geradeaus, kein Zögern, kein Hindernis. Hakuin bietet eine Strömung an, man braucht sich ihr nur zu übergeben, alles ist bereitet.

Sieht man allerdings genauer hin, um zu begreifen, wovon da die Rede ist, wird es für den unterscheidenden Verstand schwierig: Ursache und Wirkung sollen eine Einheit bilden. Wie glücklich sind Alltagsmenschen, wenn sie die Ursache einer gegebenen Situation kennen. Etwa die Diagnose für einen schlechten gesundheitlichen Zustand: wenn sie bekannt ist, ist schon fast alles gut. Wie wichtig ist es, die Folgen einer Handlung übersehen zu können, die Wirkung eines Schrittes vorauszukalkulieren. Hakuin hat nichts gegen die Unterscheidung von Ursache und Wirkung, er weist allerdings darauf hin, dass die Welt des unterscheidenden Denkens nicht die einzige ist. Das unterscheidende Denken schafft Distanz, zerlegt die Wirklichkeit auf dem Seziertisch, zerteilt das große Eine, entkleidet den Menschen und vertreibt ihn aus der Hülle der Einheit. Das unterscheidende Denken lässt die Illusion wachsen, als beherrsche der Mensch seine Umwelt. Es lässt dem Einfall, der Ausnahme, der Spontaneität des Lebens keinen Raum.

*»Wenn wir uns hinein versenken und die Wahrheit bezeugen, dass das Wesen des Selbst Nicht-Selbst ist, haben wir wahrhaftig alles unreife Geschwätz überwunden.«*

Die Betrachtung und Unterscheidung in Ursache und Wirkung hat ihren Sinn in bestimmten Situationen, sie wird aber nach Hakuins Auffassung zu unreifem Geschwätz, wenn sie zum Generalschlüssel für das Tor in die Wirklichkeit erklärt wird. Es ist sinnvoll zu zählen, z. B. zwei von drei zu unterscheiden. Der Verlust, der damit aber verbunden ist, ist unendlich viel größer als der pragmatische Gewinn, stellt er doch das bergende Ganze, in dem keine Teilung existiert, zumindest in Frage, wenn er es auch im Grunde nicht zerstören kann.

»Erkennend, dass Form Nicht-Form ist,
sind wir, ob wir kommen oder gehen, immer an einem
Ort.
Erkennend, dass Gedanke Nicht-Gedanke ist,
sind wir, ob wir singen oder tanzen, immer die Stimme
des Dharma.«

»Erkennend sind wir die Stimme des Dharma.« Auch hier
gilt, dass das Erkennen nicht die Wahrnehmung des Unter-
schieds von eins und zwei oder von Ursache und Wirkung
ist. Die Erkenntnis, von der hier die Rede ist, hat die Weise
eines Überfalls, sie stülpt das Leben um und entlarvt alles
Sprechen über das Dharma als Geschwätz. Schwätzend fragen wir, was denn erkannt wird. Die Antwort des Sutras zer-
schlägt alle Hoffnung auf plausible Sätze, die sich einord-
nen und katalogisieren lassen: Form ist Nicht-Form, ob
jemand geht oder kommt, er ist dennoch immer an einem
Ort. Gedanke ist Nicht-Gedanke, wir sind die Stimme des
Dharma nicht nur wenn wir singen, sondern auch wenn wir
tanzen oder wenn wir beides nicht tun.
»Alles, was wir Menschen sehen, hören, riechen, schmecken
und denken, hat eine Gestalt und gehört somit in die Welt
der Formen. Neben der Form der Gegenstände gibt es auch
die Form der subtilen Wahrnehmungsobjekte. Man spricht
zum Beispiel von ›Gedankenformen‹ oder ›Klangformen‹.
Sämtliche menschliche Sinnesaktivitäten (im Buddhismus
wird auch das Denken den Sinnen zugeordnet) spielen sich
in der Welt der Formen ab. Die Formenwelt bezeichnet man
in der buddhistischen Sprache als Erscheinungswelt (Skrt.
Samsara).«[190]
So, als ob jemand behauptete, dass Ja Nein ist, stellt Hakuin
die Erscheinungswelt als Nicht-Erscheinungswelt dar. Dagegen protestiert jeder gesunde Menschenverstand. Ent-
weder – oder! Hakuin stellt jedoch mit den Sätzen diverse

Koans in den Raum. Sie lassen sich nur widerlegen oder verifizieren in einem Prozess des Übens. Dabei geht es dann weder ums Verifizieren noch ums Widerlegen, sondern lediglich ums Sein.

Wenn er formuliert »Ob wir singen oder tanzen, immer sind wir die Stimme des Dharma«, dann teilt sich eine Heiterkeit mit, die angesichts der gewichtigen Aussagen verlorengehen könnte. Mit dem Satz öffnet er allen lebensfrohen Regungen und Tätigkeiten Tür und Tor zur Wertschätzung als Äußerung des Dharma. Die Wolken werden beiseitegeschoben, sie verdunsten, regnen sich ab.

*»Wie unendlich der klare Himmel von Samadhi!*
*Wie vollkommen hell das Mondlicht der vierfachen Weisheit!«*

Unendliche Klarheit und vollkommene Helligkeit sind die Metaphern für den Zustand des »Samadhi«. Die Wirklichkeit erscheint so, wie sie ist, sie wird nicht eingeengt durch Wunschvorstellungen und Bewertungen oder begrenzende Ausschnitte. Das Licht der Erkenntnis erscheint als Mondlicht, nicht als das Licht der Sonne, deren Licht alles durchdringt und Leben zeugt. Der Mond ist der Himmelskörper, der empfängt, der reflektiert. Er leuchtet, und es wird deutlich, dass er nur scheinbar selbst leuchtet. Er reflektiert, er leuchtet und leuchtet gleichzeitig nicht.

Hakuin spricht von der vierfachen Weisheit, der grundlegenden Einsicht Buddhas in die Gesetze des Lebens. Die Grunderfahrung ist die des Mangels, des Leidens. Als Beispiel sei die Erzählung vom Leiden eines alten Mannes erwähnt, die Heinrich Dumoulin überliefert: »Es ist zwecklos, selbst die vielen traurigen Dinge seines ganzen Lebens niederzuschreiben. Die Freunde von einst sind schon verschieden, die Leute, mit denen ich jetzt umgehe, halten mich für

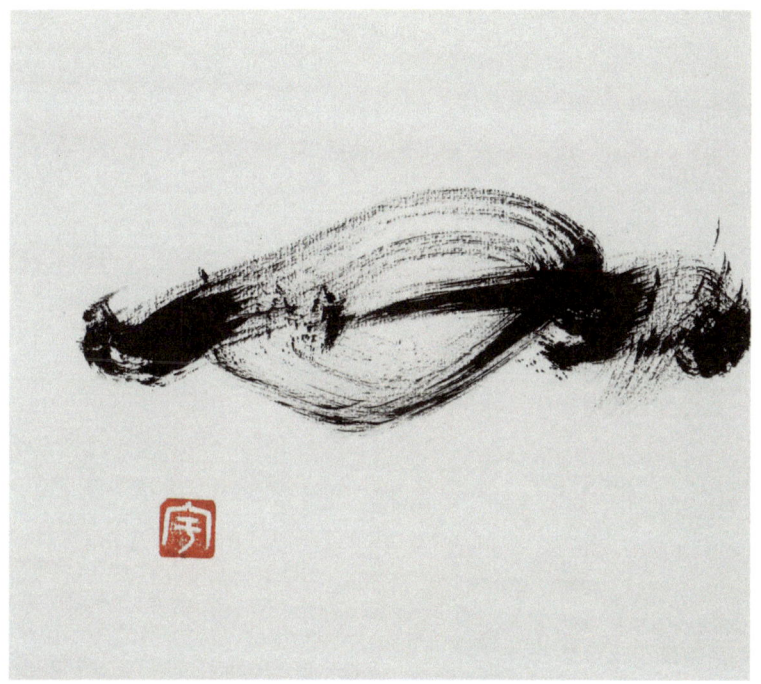

*Augenblick 2*                                        © *Werner*

schmutzig und mögen mich nicht leiden. Die jungen Leute verlassen mein Zimmer. Während der langen Herbstnächte kann ich nicht schlafen.«[191] Er fährt fort, noch weitere Übel zu nennen. Was hier deutlich wird, ist ein Verständnis von Leid, das nicht nur Krankheit, Hunger und Schmerz im Blick hat, sondern jegliche Form von Mangel und Unvollkommenheit. Für Buddha ist diese Ausgangslage grundlegend für jedes menschliche Leben. Und das dürstet – die zweite Wahrheit – nach Steigerung. Nach mehr! Und öfter! Und noch intensiver! Dieser Lebenshunger treibt den Menschen in die Not. Die Erfahrung ist unumgänglich, dass der Hunger letztendlich nicht eigenmächtig gestillt werden kann. Da hilft nur ein Abschied von diesen Wünschen, die Aufgabe eines egozentrischen Lebens. Da hilft nur, loszulassen und sich selbst aus dem Zentrum des Lebens zu nehmen. Hiermit ist die dritte Wahrheit angedeutet. Bei der vierten geht es um den Weg. Buddha schlägt einen mittleren Weg vor, der sich nicht in Extremen verausgabt und in der Übung der Achtsamkeit und Meditation hinführt zu einer tiefen Erkenntnis des Lebens, letztlich in die Leere.[192]

*»Was brauchen wir in diesem Augenblick noch zu suchen, da sich Nirwana vor unseren Augen deutlich offenbart? Dieser Ort hier ist das reine Lotusland.«*

Schrittweise führt Hakuin ins Zentrum. Zunächst weist er jede Suche in der Ferne zurück, liegt doch nah, was gesucht wird. Dieser Ort hier ist das reine Lotusland. Und dieser Ort ist auch nur vorläufig:

*»Dieser Körper ist der Körper Buddhas.«*

169

# Eckhart: Qui audit me
# (Wer mich hört)

**NONNE:** In ähnlicher Weise, nämlich indem ich sie abschnittsweise betrachte, will ich mich nun auch einem Text Eckharts widmen, und zwar seiner Predigt »Qui audit me« – »Wer mich hört«.[193]

> *»Das Wort, das ich auf Latein gesprochen habe, das spricht die ewige Weisheit des Vaters und es lautet: ›Wer mich hört, der schämt sich nicht‹ — schämt er sich über irgendetwas, so darüber, dass er sich schämt —; ›wer in mir wirkt, der sündigt nicht. Wer mich offenbart und ausstrahlt, der wird das ewige Leben haben‹ (Jes Sir 24, 22). Von diesen drei Wörtchen, die ich gesprochen habe, wäre ein jedes genug für eine Predigt. Zum ersten will ich darüber sprechen, dass die ewige Weisheit sagt: ›Wer mich hört, der schämt sich nicht‹. Wer die ewige Weisheit des Vaters hören soll, der soll innen sein und soll daheim sein und eins sein, so kann er die ewige Weisheit des Vaters hören.«*

Eckhart springt mitten ins Thema, es geht ums Hören, das nach innen führt und innen am besten gelingt. Innen, das ist der Ort, an dem Gottes Stimme klingt und sich vernehmbar macht. Die alttestamentarischen Texte werden im Gottesdienst als Epistel gelesen, dieser Text am Fest von Mariä Geburt. Eckhart erwähnt Maria hier nicht namentlich, aber der Zusammenhang mit dem Festtag, der den Gottesdienst prägt, ist allen Zuhörerinnen und Zuhörern deutlich. Maria ist der Mensch, der nach anfänglichen Zweifeln und Bedenken widerstandslos hört. Sie öffnet sich ohne Einschränkungen ihrem Innen und kann dadurch daheim sein. Sie hat nicht nur innen eine Wohnung, auf die sie sich bezieht, sie ist vielmehr selbst Wohnung, Gottes Daheim, Geheimnis, ein inniges Daheim.

Eckhart spricht dialogisch, er gibt sogleich eine Antwort auf die Frage, die in den Zuhörern und Zuhörerinnen entsteht, es ist auch die Frage Marias:»Wie soll das geschehen?« Oder negativ formuliert:»Was steht dem denn im Weg?«

*»Drei Dinge sind es, die uns hindern, so dass wir das ewige Wort nicht hören. Das erste ist Leiblichkeit, das zweite Mannigfaltigkeit, das dritte ist Zeitlichkeit. Hätte der Mensch diese drei Dinge überschritten, so wohnte er in Ewigkeit und wohnte im Geiste und wohnte in Einigkeit und in der Wüste, und da hörte er das ewige Wort.«*

Das störende Rauschen im Ohr, das die Stimme Gottes übertönt, stammt aus der Faszination der sinnlichen Wahrnehmung, die dazu neigt, sich zu verselbstständigen, sich zu verabsolutieren. Sie wird dann zum Gesang der Sirenen. Nur oberflächlich hört, wer nur etwas hört, wer den Fokus nur auf ein Objekt richtet. Eckhart spricht vom Hören, und das ist im Unterschied dazu offen, nicht gerichtet. Es ist so offen, dass die völlige Vereinigung mit dem Klang möglich ist. Zutreffender gesagt, dass die schon vorhandene Einheit aufgehen kann.
Sind die Sinne frei von Eigen-Sinn, werden sie transparent für die Wirklichkeit des Schöpfers, dann kann die Wirklichkeit ungehindert einströmen – oder anders gewendet: sich innen frei entfalten.»Eckhart privilegiert unter dem Angebot der sinnlichen Erfahrungen immer schon jenen Sinn als

Vehikel der Gotteserfahrung, der ihm als der geistigere, passivere und einheitlichere gilt: das Hören.«[194] Es gibt immer wieder Äußerungen Eckharts, die die Ansicht nahelegen, Eckhart sei leibfeindlich, er denke dualistisch und verachte den Körper. Der Eindruck kann entstehen, er kollidiert aber mit dem Phänomen, dass Eckhart, wie wir schon sahen, die Schöpfung bis ins kleinste und verachtetste Lebewesen hinein wertschätzt und preist. Wann und in welcher Weise erschwert nun Leiblichkeit das Hören? Leiblichkeit erschwert das Hören, wenn sie sich im sinnlichen Erleben selbst verabsolutiert und zum Maßstab aller Dinge macht. Mit anderen Worten, wenn der Körper vergisst, dass er in seiner Schönheit und lustvollen Lebendigkeit Geschöpf ist, dass er eine verdankte Wirklichkeit ist. Wenn das Hören vergisst, dass das Vernommene aus dem Schweigen kommt, das die gehörten Worte gleichermaßen offenlegt und verhüllt. Als zweites Hindernis nennt Eckhart die Mannigfaltigkeit. Auch hier entsteht zunächst wieder der Eindruck, Eckhart lehne die farbige Vielfalt des Lebens ab und vertrete eine asketische Abstinenz. Nein, die bunte Fülle der Welt erfährt keinen Abstrich. Wer sich ihr allerdings blind hingibt, wird von Objekt zu Objekt gelenkt, wird in jede Richtung getrieben, hierhin und dorthin. Am Ende der verwirrenden Wahrnehmung steht der Versuch, die bunte Vielfalt zu ordnen und die Phänomene zu analysieren. Das bringt Abstand und Entfremdung mit sich. Diese Art wahrzunehmen und zu denken überlagert Gottes Stimme, die in *einer* Blume alle Variationen vereint.

Das dritte Hindernis weist in eine ähnliche Richtung: Wer sich an der linearen Zeiterstreckung orientiert und glaubt, er erfasse die Wirklichkeit, wenn er die Perlen der Vergangenheit, Gegenwart und Zukunft auf eine Schnur reiht, der verpasst die Erfahrung des Nun, wie Eckhart diese Öffnung in die Wirklichkeit des Augenblicks nennt.

*»Nun sagt unser Herr: ›Niemand hört mein Wort noch meine Lehre, er habe sich denn selbst gelassen.‹*[195] *Denn wer Gottes Wort hören soll, der muss ganz und gar gelassen sein.«*

Eckhart bezieht sich immer wieder auf Texte der Schrift, auf das Thema der Nachfolge, die darin besteht, das eigene zu verlassen und Christus nachzufolgen, den Reichtum zu lassen und arm zu werden. Besonders stark findet sich dieser Aspekt im Johannesevangelium: »Wenn das Weizenkorn nicht in die Erde fällt und stirbt, bleibt es allein; wenn es aber stirbt, bringt es reiche Frucht.«[196] Ein Unterschied zwischen loslassen und gelassen sein wird gemacht. Aus dem wiederholten Loslassen kann der Zustand, der Habitus des Gelassenseins entstehen.

*»Dasselbe, das da hört, das ist dasselbe, das da gehört wird im ewigen Wort.«*

Mit dem nächsten Satz öffnet Eckhart das große Thema der Einheit, der Einheit Gottes mit dem Menschen. Ihm geht es um Einheit, nicht Vereinigung. Es gibt nichts zu vereinen, das getrennt wäre, vielmehr gibt es für Eckhart eine grundlegende Einheit. Wie kann man darüber sprechen? Zunächst erinnert Eckhart an eine alte Erfahrung, dass Menschen nämlich nur erkennen, was schon in ihnen ist. Das Ohr, das aufnimmt, ist schon die Stimme, die noch zu ihm dringt. Eckhart bezieht sich auf dieses Phänomen, um die Einheit zwischen Gott und Mensch zur Sprache zu bringen.

Dann macht er einen zweiten Anlauf, indem er den Menschen in die Beziehung Gottvaters zu seinem Sohn integriert sieht. Der Mensch ist für Eckhart im Grunde der eingeborne Sohn, die eingeborne Tochter.

*»Alles das, das der ewige Vater lehrt, das ist sein Sein und seine Natur und seine ganze Gottheit: das offenbart er uns allzumal in seinem eingeborenen Sohn und lehrt uns, dass wir derselbe Sohn seien. Der Mensch, der da so ausgegangen wäre, dass er der eingeborene Sohn wäre, dem wäre eigen, was da eigen ist dem eingeborenen Sohn. Was Gott wirkt und was er lehrt, das wirkt und lehrt er alles in seinem eingeborenen Sohne. Gott wirkt alle seine Werke darum, dass wir der eingeborene Sohn seien.«*

Und dann spielt Eckhart mit Distanz und Einheit, er lässt Gott laufen, um in die Einheit mit dem sohnhaften Menschen zu kommen, Gott erträgt nicht die Entfernung, er muss eins sein, das ist seine – und des Menschen – Weise.

*»Wenn Gott sieht, dass wir der eingeborene Sohn sind, so ist Gott so begierig nach uns, und er eilt so sehr und tut begierig genau so, wie wenn ihm sein göttliches Sein zerbrechen und in ihm selbst zunichte werden wolle, damit er uns offenbare den ganzen Abgrund seiner Gottheit und die Fülle seines Seins und seiner Natur. Da eilt Gott hinzu, dass es unser eigen sei, ganz so, wie es sein eigen ist. Hier hat Gott Lust und Wonne in der Fülle. Dieser Mensch steht im Erkennen Gottes und in Gottes Liebe und wird nichts anderes, als was Gott selber ist.«*

Der Mensch wird nichts anderes, als was Gott selber ist. Nochmals: Der Mensch wird nichts anderes, als was Gott selber ist.
Wegen ähnlich steiler Formulierungen wird Eckhart angeklagt, sie mindern anscheinend die Größe und Absolutheit Gottes. Diejenigen, die ihm das entgegenhielten, vergaßen oder konnten nicht akzeptieren, dass Gott sich als Mensch gewordenes Kind offenbart hat. Eckhart lebt ständig in der

Spannung, die Geschöpflichkeit des Menschen aufrechtzu-
erhalten, ohne die Einheit mit Gott aufzugeben. In beide
Richtungen gibt es extreme Formulierungen. Eckhart hält
die Spannung aufrecht, auch weil sie sich löst, wenn sie akzeptiert wird.
Erneut geht er das Thema der Einheit an, jetzt im Nachdenken über die Bewegung und den Zustand der Liebe.

*»Hast du dich selber lieb, so hast du alle Menschen lieb
wie dich selber. Solange du einen einzigen Menschen weniger lieb hast als dich selber, so gewannst du dich selber
nie lieb in Wahrheit, es sei denn, du habest alle Menschen
lieb wie dich selber, in einem Menschen alle Menschen,
und dieser Mensch ist Gott und Mensch. So steht es mit
dem Menschen recht, der sich selber lieb hat und alle
Menschen so lieb wie sich selber; und mit dem steht es
gar recht.«*

Wie soll das gehen, sich selbst lieb zu haben und damit
gleichzeitig alle andern Menschen? Ein Lob der Eigenliebe?
Oder einen einzigen Menschen zu lieben und darin zugleich
alle anderen mit? Das klingt eher verspannt und überdreht
und es wäre auch so, spräche Eckhart auf der Ebene der Kreaturen, der Geschöpfe. Er erfährt aber in seiner Zuwendung
zum Menschen oder auch zu sich selbst die Öffnung in die
Wirklichkeit Gottes, und die lässt im Moment der Begegnung den Funken überspringen zu allen Menschen. Eckhart
formuliert das hier sehr einfach, indem er sagt: »Dieser
Mensch ist Gott und Mensch.«
Im Folgenden bezieht er sich wieder auf seine Zuhörerinnen
und Zuhörer. Eckhart zeigt Verständnis für ihre menschliche
Seite. Er muss seine eigene Kreatürlichkeit gut gekannt haben:

*»Nun sagen etliche Leute: Ich habe meinen Freund, von dem mir Gutes geschieht, lieber als einen andern Menschen. Mit ihm steht es unrecht, es ist unvollkommen. Doch muss man es akzeptieren, wie so manche Leute übers Meer fahren mit halbem Wind und auch hinüber kommen. So verhält es sich mit den Leuten, die den einen Menschen lieber haben als den andern; das ist natürlich. Hätte ich ihn so recht lieb wie mich selbst — was immer ihm dann geschähe zur Freude oder zum Leid, wär's Tod oder Leben, das wäre mir ebenso lieb, wenn es mir geschähe wie ihm. Das wäre rechte Freundschaft.«*

Paulus ist zunächst für Eckhart ein Beispiel, wie rechte Freundschaft zwischen zwei Menschen aussehen kann, das Ausmaß dieser Freundschaft sprengt dann allerdings jeden Rahmen. Paulus will sich von Gott trennen, wenn es um seinen Freund geht.

*»Daher spricht der heilige Paulus: ›Ich wollte ewiglich geschieden sein von Gott um meines Freundes und um Gottes willen.‹*[197] *Einen Augenblick von Gott scheiden, das ist ewiglich von Gott geschieden; von Gott scheiden ist höllische Pein. Was meint nun Sankt Paulus mit diesem Worte, dass er sprach, er wollte von Gott geschieden sein? Nun fragen die Meister, ob Sankt Paulus da auf dem Wege der Vollkommenheit oder ob er in ganzer Vollkommenheit gewesen sei. Ich sage, dass er in ganzer Vollkommenheit stand; er hätte davon nicht anders reden können. Dieses Wort will ich erklären, das Sankt Paulus sprach, er wolle von Gott geschieden sein.«*

Die Formulierung wird dann noch deutlicher: Gott um Gottes willen lassen. Man müsste wohl Gott in Anführungsstriche setzen: »Gott« um Gottes willen lassen. Da wird jemand oder etwas gelassen, verabschiedet, beendet, was die Sicht genommen hat, was das Hören verhinderte. Da kann erfahrbar werden, was in einen Käfig der Begriffe gesperrt und mit Vorstellungen beladen fast erstickt worden wäre.

*»Das Höchste und das Nächste, das der Mensch völlig lassen kann, das ist, dass er Gott um Gottes willen lasse. Nun ließ Sankt Paulus Gott um Gottes willen. Er ließ alles, was er von Gott nehmen konnte, und ließ alles, was ihm Gott geben konnte, und alles, was er von Gott empfangen konnte. Als er dies ließ, da ließ er Gott um Gottes willen, und da blieb ihm Gott, sofern Gott seiend ist hinsichtlich seiner selbst, nicht in Rücksicht auf sein Empfangen- oder Gewonnenwerden, sondern vielmehr in der Seinsheit, die Gott in sich selber ist. Er gab Gott nie etwas, noch empfing er je etwas von Gott; es ist ein Eines und eine lautere Einung.«*

Paulus kann von Gott nichts empfangen, er kann ihm auch nichts geben. Ein Hin und Her ist nur möglich zwischen zwei getrennten Größen, da kann es einen Mittler geben, eine Brücke, ein Hin und Her. Zwischen Gott und Paulus, dem Paulus, der seine Vorstellungen von Gott gelassen hat und in einer »lauteren Einung« lebt, zwischen die beiden passt kein Blatt Papier.

*»Hier ist der Mensch ein wahrer Mensch, und in diesen Menschen fällt kein Leiden, so wenig wie es in göttliches Sein fallen kann; wie ich schon öfter gesprochen habe, dass etwas in der Seele ist, das Gott so verwandt ist, dass es eins ist und nicht vereint. Es ist eins, es hat mit nichts etwas gemein, noch ist ihm irgendetwas von alledem gemein, was geschaffen ist. Alles, was geschaffen ist, das ist nichts. Nun ist dies aller Geschaffenheit fern und fremd. Wäre der*

*Mensch gänzlich so beschaffen, er wäre völlig ungeschaffen und unerschaffbar; wäre alles also, was leibhaft und bresthaft (leidverhaftet) ist, in dieser Einigkeit begriffen, so wäre es nichts anderes als was die Einigkeit selber ist. Fände ich mich einen Augenblick in diesem Sein, ich achtete so wenig auf mich selbst wie auf ein Mistwürmlein.«*

Gleich wird Eckhart Gott vergleichen mit einem jungen Ross, das voller Lust über eine weite Weide prescht. Hier scheint er mir selbst dieses Ross zu sein, denn er formuliert Sätze, die vor allem Ausdruck der Freude über das Einssein mit Gott sind. Ihm fallen immer neue Formulierungen ein, er wagt Sprünge und spannt sich ins Extreme. Den wahren Menschen soll kein Leid befallen, alles, was geschaffen sei, ist nichts? Das Erlebnis der Wirklichkeit widerspricht dem energisch. Aber nur, wenn man die Sätze auf die Waage legt. Und dafür sind sie nicht gemacht, sie sind Jubel. Außerdem sind die Sätze im Irrealis gesprochen. Eckhart weiß um die Begrenztheit menschlicher Möglichkeiten, er weiß aber auch um das »Etwas in der Seele, das Gott so verwandt ist, dass es eins ist und nicht vereint. Es ist eins, es hat mit nichts etwas gemein, noch ist ihm irgendetwas von alledem gemein, was geschaffen ist.«

*»Gott gibt allen Dingen gleich; und so wie sie von Gott fließen, so sind sie gleich«*

Eckhart denkt hier linear, er greift die menschliche Vorstellung von einer sich entfaltenden Schöpfung auf und bezieht sich auf den Punkt des ersten Ausflusses, des Übergangs, also auf den Punkt, in dem die erste Berührung im Außen beginnt, der schon da ist, obwohl zugleich noch volle Bergung im Geheimnis besteht. In diesem Moment sind alle gleich, unabhängig davon, ob es sich um Engel oder ob es sich um Pflanzen oder Steine, Menschen oder um eine winzige Fliege handelt. Eckhart sieht keine abgestufte Seinshierarchie, kein Mehr oder Weniger an Sein, alle Geschöpfe sind gleichwertige Geschwister.

*»Ja, Engel und Menschen und alle Kreaturen fließen von Gott gleich aus ihrem ersten Ausfluss. Wer nun die Dinge in ihrem ersten Ausfluss nähme, der nähme alle Dinge gleich. Sind sie in der Zeit so gleich, so sind sie in Gott in der Ewigkeit noch viel gleicher. Wer eine Fliege in Gott nimmt (erkennt), die ist edler in Gott, als der höchste Engel an sich selber ist. Nun sind alle Dinge gleich in Gott und sind Gott selber. Hier ist Gott so lustvoll in dieser Gleichheit, dass er seine Natur und sein Sein in der Gleichheit in sich selber gänzlich durchgießt. Dies ist ihm lustvoll gleicherweise, wie wenn einer ein Ross laufen lässt auf einer grünen Heide, die völlig eben und gleich wäre: Des Rosses Natur wäre es, dass es sich völlig ausgösse mit aller seiner Kraft im Springen auf der Heide. Das wäre ihm lustvoll und seiner Natur gemäß. So ist Gott lustvoll und vergnüglich, wenn er Gleichheit findet. Es ist ihm lustvoll, dass er seine Natur und sein Sein völlig ausgießt in die Gleichheit, da er die Gleichheit selber ist.«*

Eckhart greift nun ein Thema im Rahmen der mittelalterlichen Theologie auf, nämlich die Beziehung zwischen Gott und den Engeln. Er denkt nach über den möglichen Unterschied zwischen verschiedenen Engelgruppen. Für ihn ist die Frage hier interessant, weil sie als eine weitere Variation des Versuches verstanden werden kann, etwas über seine Einheiterfahrung zu sagen. Den Willen Gottes zu erfüllen, kann Ausdruck der innigen Verbundenheit sein. Was auch immer dieser Wille beinhaltet, und sei es das Sammeln von Raupen in den Zweigen der Bäume, ist uninteressant.

Entscheidend ist die Verbundenheit durch die Ausführung von Gottes Willen. Wichtiger jedoch bleibt für Eckhart das Etwas in der Seele, der göttliche Funke, die Abgeschiedenheit, die die Gott-Mensch-Einheit ist.

*»Nun besteht ein Problem hinsichtlich der Engel, ob jene Engel, die hier mit uns wohnen und uns dienen und uns behüten, ob die irgendwie geringere Gleichheit haben in ihren Freuden als die, welche in der Ewigkeit sind, oder ob sie durch ihr Wirken für unsere Behütung und den Dienst an uns irgendwie geschmälert werden. Ich sage: Nein, dem ist nicht so! Ihre Freude und ihre Gleichheit sind mitnichten geringer. Denn das Werk des Engels ist der Wille Gottes, und der Wille Gottes ist das Werk des Engels. Deswegen wird er weder an seiner Freude noch an seiner Gleichheit noch in seinen Werken behindert. Hieße Gott den Engel, sich zu einem Baum begeben und hieße er ihn Raupen davon ablesen, der Engel wäre bereit dazu, dass er Raupen abläse; und dies wäre seine Seligkeit und wäre Gottes Wille.«*

Und das gilt auch für den gottinnigen Menschen, der seinen Eigenwillen gelassen hat, der ledig ist und frei.

*»Der Mensch, der nun so im Willen Gottes steht, der will nichts anderes, als was Gott ist und was der Wille Gottes ist. Wäre er krank, er wollte nicht gesund sein. Alle Pein ist ihm eine Freude, alle Mannigfaltigkeit ist ihm eine Nacktheit und Einigkeit, wenn er recht im Willen Gottes steht. Ja, hinge höllische Pein daran, es wäre ihm eine Freude und eine Seligkeit. Er ist frei und aus sich selber ausgegangen, und alles dessen, was er empfangen kann, dessen muss er ledig sein.*
*Wenn mein Auge die Farbe sehen soll, so muss es frei sein*

*von aller Farbe. Sehe ich blaue oder weiße Farbe, so ist das Sehen meines Auges, das da die Farbe sieht, dasselbe wie das, was da mit den Augen gesehen wird. Das Auge, in dem ich Gott sehe, ist dasselbe Auge, darin mich Gott sieht. Mein Auge und Gottes Auge, das ist ein Auge und ein Sehen und ein Erkennen und ein Lieben.«*

»Das Licht deines Leibes ist dein Auge«, heißt es bei Lukas.[198] Das Auge sieht Licht, es ist aber auch Licht. Menschen können strahlend in Erscheinung treten, mit strahlenden Augen. Vom Leib des Auferstandenen wird erzählt, dass er strahlt.

Und dann setzt Eckhart zum Finale an, in dem alle Motive nochmals anklingen. Die Grundmelodie, das Hören aus der Gelassenheit heraus, wird wieder und wieder intoniert. Gleichheit, Einigkeit, Liebe. »Wer sich auch nur einen Augenblick völlig ließe, dem würde gänzlich gegeben.« Eckhart fordert keinen Verzicht um des Verzichtes willen. Er denkt auch nicht an ein Geschäft, bei dem der Geber eine Gegengabe erwartet. In der innigen Verbundenheit kann es gar kein Hin und Her geben. Will man sagen, was beim Loslassen geschieht, dann geht das nur in dem Paradox, das Loslassen als Empfangen zu verstehen.

*»Der Mensch, der so in Gottes Liebe steht, soll sich selber und allen geschaffenen Dingen tot sein, sodass er seiner selber so wenig achtet wie eines tausend Meilen Entfernten. Dieser Mensch bleibt in der Gleichheit und bleibt in der Einigkeit und bleibt ganz und gar gleich; in ihn fällt keine Ungleichheit. Dieser Mensch muss sich selber und diese ganze Welt gelassen haben. Gäbe es einen Menschen, der diese ganze Welt besäße, und er ließe sie um Gottes willen so bloß, wie er sie von Gott empfing, dem*

*Warumbe* © *Kaeppler*

*möchte unser Herr diese ganze Welt zurückgeben und auch das ewige Leben. Und gäb es einen andern Menschen, der nichts hätte als einen guten Willen, und er dächte: Herr, wäre diese Welt mein und hätte ich dann noch eine Welt und nochmals eine, so wären es drei, und er dann begehrte: Herr, ich will diese lassen und mich selber so bloß lassen, wie ich alles von dir empfangen habe — dem Menschen gäbe Gott ebensoviel, wie wenn er alles mit seiner Hand weggegeben hätte. Ein anderer Mensch, der nichts Leibliches oder Geistliches zu lassen oder zu geben hätte, dieser Mensch ließe am allermeisten. Wer sich auch nur einen Augenblick völlig ließe, dem würde gänzlich gegeben. Und wäre ein Mensch zwanzig Jahre gelassen und nähme er sich selber auch nur einen Augenblick zurück, so wurde er noch nie gelassen. Der Mensch, der gelassen hat und gelassen ist und der niemals mehr auch nur einen Augenblick auf das schaut, was er gelassen hat, und beständig bleibt, unbewegt in sich selber und unwandelbar, der Mensch allein ist gelassen.«*

Der Schluss der Predigt ist als kleines Gebet vertraut. Eckhart wiederholt diese Bitte in abgewandelter Form immer wieder. Und er kehrt damit zurück in die Weise der natürlichen Menschen, die sich Gott irgendwo außerhalb vorstellen und von ihm erbitten, was sie im Grunde schon sind. Sie segeln mit halbem Wind, und sie können damit auch ankommen. Mich tröstet das.

*»Dass wir so beständig bleiben und unwandelbar wie der ewige Vater, dazu helfe uns Gott und die ewige Weisheit. Amen.«*

# Schlussgedanken:
# Interreligiöser Dialog,
# Christentum und Buddhismus in
# fern-naher Beziehung

In der Einleitung des Buches klang schon die Frage an, was das Anliegen eines Gesprächs zwischen einem Christen und einem Buddhisten sein kann. Hier geht es konkret um die Begegnung zwischen Meister Eckhart und Meister Hakuin. Martin Rötting unterscheidet nach zahlreichen empirischen Untersuchungen verschiedene Dialogtypen für das interreligiöse Gespräch. Besonders stark ist in seinen Augen die Tendenz ausgebildet, »aus spirituellem Interesse und mit großer Bereitschaft sich und die Vorstellungen von Religion zu verändern.«[199] Er spricht vom »spirituellen Pilger.«[200] »Die Meditationsbewegung und die Entdeckung des Zen-Buddhismus innerhalb der Kirchen kann so verstanden werden. Was an der Zen-Tradition so fasziniert, ist die starke Betonung der Eigenverantwortlichkeit und des Loslassens und Gelassenseins als Ziel des religiösen Weges. Die besonders in Ostasien beliebten Ochsenbilder bringen diesen Prozess ins Bild und wurden für interreligiös lernende Christen zu wichtigen Referenzpunkten, da sie den Prozessaspekt besonders betonen. Hier zeigt sich auch deutlich, dass die Wahrnehmung der anderen Religion selektiv ist. In zen-buddhistischen Traditionen ebenfalls vorhandene Tendenzen zur Institutionalisierung werden vom spirituellen Pilger nicht als wesentlich wahrgenommen.«[201]
Ich greife das Thema des Dialogs nochmals auf, es hat jetzt, da

wir den Umgang der Gesprächspartner miteinander kennen, einen anderen Klang. Dieser Umgang ist, wie wir sahen, geprägt von gegenseitiger Achtung und auch von der Achtung der eigenen Überzeugung sowie von dem Versuch, den andern zu verstehen – so weit das überhaupt möglich ist. »Verstehen« auf rationaler Ebene hat immer zu tun mit einem Einsortieren von Informationen in schon vorhandene Bestände. Wenn Eckhart und Hakuin sich verstehen, dann ist das die Realisierung des Bodens, auf dem beide eigenständig getrennt und doch verbunden leben.

Immerhin, auch wer rational verstehen will, kommt anders daher als jemand, der in ein Gespräch mit der Überzeugung geht: »Ich hoffe, dir zeigen zu können, dass meine Ansicht die Wirklichkeit voll trifft, ich hoffe, dass du das erkennst.« Dann schwingt ein Gefühl der Überlegenheit in allen Sätzen mit, die Annahme, dass die Position des Andern minderwertig sei, entwicklungsbedürftig. Das meinen manchmal Christen, wenn sie anmerken, dass die buddhistische Erfahrung noch im Vorpersönlichen stecken geblieben sei und das Wesen der Person noch nicht erfasst habe. Oder umgekehrt der Vorwurf der Buddhisten, das Christentum binde seine Anhänger in eine mythische Sicht der Welt, die von personifizierten Wesen gelenkt und gestaltet werde, und sei noch nicht befreit in die gestaltlose Welt der überpersönlichen Energie. Wer so eingestellt ist, übersieht, dass Sprache immer eine Vielfalt von Deutungsmöglichkeiten mit sich führt. Sprache hat immer sowohl den einen als auch den jeweils anderen Sitz im Leben, d. h., sie steht in Verbindung zum Handeln, sie fordert nicht nur eine Weltanschauung, sondern auch eine damit verbundene Lebenspraxis heraus. Religiöse Sätze werden nicht auf der Ebene der Logik verifiziert oder als Irrtum etikettiert, sie entfalten ihre Wahrheit im alltäglichen Umgang der Menschen miteinander, im achtsamen Tun, und da gibt es dann auch eine eigene Art des Verstehens.

Religion kann zwar aus der Distanz heraus betrachtet und analysiert werden, sie wird aber wesentlich beschnitten, wenn Ort und Anlass des Sprechens nicht berücksichtigt und zur Kenntnis genommen werden, wenn Rituale und Texte einer Religion ohne ihre Umsetzung in alltägliche Handlung betrachtet werden.

Die bisherigen Bemerkungen zum Thema sind noch generalisierend und eher allgemein formuliert. Die komparative Theologie, wie sie u. a. Klaus von Stosch vertritt[202], macht zu Recht darauf aufmerksam, dass ein Vergleich zwischen religiösen Anschauungen sich auf einzelne und überschaubare Phänomene beschränken sollte, um der Komplexität des Themas eher gerecht zu werden. Welchen Phänomenen soll nun Aufmerksamkeit geschenkt werden? Was ist das *tertium comparationis*, was der Fokus des Vergleichs?

Je nach Interesse sehen Menschen vielleicht besonders auf die Friedfertigkeit einer Religion. Wer trägt am meisten bei zu einem friedlichen Zusammenleben der Menschen in der Welt? Andere suchen in den Religionen Wege für ein freieres, selbstbestimmtes Leben? Finden sie mehr Unterstützung bei Eckhart oder bei Hakuin? Wo sind eindrucksvolle Persönlichkeiten, die die jeweilige Religion repräsentieren, lebende Beispiele? Wer gibt die wirkungsvollere Unterstützung für einen kreativen Umgang mit Krankheit, Not und schließlich mit dem Tod? Wer kann am besten die Entwicklung moderner Wissenschaften integrieren? Wo sind die Unterschiede bei allen Ähnlichkeiten?

Es fehlt auch nicht an Menschen, die die Vielheit der Religionen als bunten Ausdruck der einen Wahrheit sehen. Jede verkörpert dann einen Aspekt des Ganzen, die einzelnen Religionen stehen gleichberechtigt nebeneinander. Man begegnet sich mit Respekt. Die verschiedenen Religionen dienen dann auch als Fundgrube, jede und jeder greift aus dem fremden Vielerlei auf, was ihm oder ihr für das eigene Leben gut scheint. Es geht dann um ein gutes Leben, die Kühe werden gemolken.

Ich möchte zunächst den Blick auf ein zentrales Anliegen richten, das beiden, Buddhisten wie auch Christen wichtig ist. Hakuin und Eckhart, beide möchten Menschen in die Freiheit führen bzw. erfahren lassen, dass sie schon frei sind. Mit anderen Worten und schon in verschiedenen Sprachspielen formuliert: Menschen können zu sich selbst kommen, Gottes innewerden, sie können erfahren, wie die Welt, wie sie selbst in Wirklichkeit sind. Wie das geschehen kann, will ich in drei Abschnitten untersuchen. Ich beschränke mich dabei auf den Inhalt der hier niedergeschriebenen Dialoge.

## 1. Eckhart und Hakuin weisen Wege

Eckhart formuliert zwar, wie wir gesehen haben, aus der Tradition heraus, in der er steht, die Stufenfolge eines Weges. Mir scheint das jedoch eher eine Konzession an seine Zuhörerinnen und Zuhörer zu sein. Deren Bedürfnis nach Orientierung ist groß, und die Antwort auf die Fragen »Wo stehe ich?«, »Lohnt sich meine Anstrengung?« und »Wie weit ist es noch bis zum Ziel?« wird in vielen Situationen sehnlichst erwartet. Eckhart kennt die Mentalität seiner Zuhörerinnen und Zuhörer und geht auf die Menschen zu.

Von existenziellem Interesse ist für ihn jedoch nur die Empfehlung, ja, diese Forderung: »Verabschiede dich von deinen Vorstellungen, von deinen Konzepten, lass auch ›Gott‹ los, sei arm!« Das Ich ist vielmehr eines Gottes inne, der nur darauf wartet, dass ihm Raum gegeben wird, freiwillig, hingabebereit, möglichst bis zum Grund. Die Leere ist dann die Weise, in der die Fülle des Lebens sich entfalten kann.

Hakuin verweist immer wieder auf die Übung des Zazens, insbesondere die Koanübung. Sie lebt aus dem sehnlichen Wunsch nach Erwachen, nach Erweckung und fordert den ganzen Menschen, physisch und emotional. Hier deuten sich erste Unterschiede in der Einschätzung der Übungen an. Eckhart setzt weniger auf Übungen, er betont mehr die Vorrangigkeit der Wirklichkeit als Schöpfung, d. h.: Ohne Gottes Hinblick ist die Kreatur ein Nichts. Alles irrtümlich autonom verstandene Tun zerplatzt wie eine Seifenblase, wenn es nicht eine Antwort auf die Hinwendung Gottes zu seinem Geschöpf ist. Gleichzeitig führt Gott den Menschen in den Raum der Freiheit, er bindet sich an die Bereitschaft des Menschen, sein Ich loszulassen und sich ihm anzuvertrauen. Stehen sich Übung und Geschenk gegenüber, dann hat für Eckhart die Gottesgeburt in der Seele eher Geschenkcharakter. Hakuin hat einer seiner Zeichnungen den Titel »Blinde tasten sich über eine Brücke« gegeben.[203] Diese Zeichnung wird gerne gedeutet als Darstellung der Suche des Menschen nach Transzendenz. Blind und gefangen in seiner dunklen Einbildung und Vorstellung kriecht der Suchende über die Brücke, die ihm die angeblich sehenden Mitmenschen zeigen, und er oder sie erhofft sich, das andere Ufer, das Reine Land, christlich gesprochen, den Himmel oder das Reich Gottes zu erreichen. »Alles Unfug!«, würde Hakuin sagen, aber die Tendenz, der Wunsch nach Führung lässt sich im Menschen nicht leugnen.

Auf der Zeichnung jedoch liegt weder der rechte Brückenbeginn auf einem sicheren Fundament, noch ruht das Ende der Brücke, die mehr ein Steg ist, auf sicherem Boden. Wie sollte er auch? Alles Unfug, und gleichzeitig zeigt das Bild den Menschen, der alle Sicherheit aufgibt, blind dasteht, nackt, fast ohne Absicherungen, erfüllt und bewegt von der Sehnsucht nach – ja wonach? Wie kann man das nennen? Hakuin spricht gerne von der wahren Natur, vom wahren Selbst.

Hilflose Worte für die überquellende Freude da zu sein.

Hakuin gibt sich sicher, die rechte Methode zu kennen und den Weg weisen zu können. Er geht so weit, dass man den Eindruck gewinnen kann, Erleuchtung lasse sich machen, herstellen, wenn man nur genug übt. Andererseits gibt er Einblick in die Vorläufigkeit nicht nur seiner Erleuchtungserfahrungen, er berichtet auch von der Sackgasse, in die er durch ein einseitig ausgerichtetes und übertriebenes Üben geraten ist. Nicht zuletzt zeigt die erwähnte Zeichnung, dass die naive Vorstellung, es gebe eine erfolgreiche Methode, einen Weg über den Abgrund, wirklich naiv und nicht seine Meinung ist. Es führt kein Weg am Abstieg, Sprung oder Sturz in den Abgrund vorbei.

Noch ein Hinweis zur Radikalität des Weges. Von buddhistischer Seite wird Eckhart häufig der Vorwurf gemacht, er sei nicht radikal genug, er fordere zwar dazu auf, »Gott« zu lassen, aber das um Gottes willen. So ganz wolle er anscheinend doch nicht auf einen Bezug zu einem verlässlichen Ort oder Du verzichten. Immer wieder sei zwar die Rede von Gott und dem Nichts der Gottverlassenheit, sie sei aber eher ein subjektiver Eindruck, die Erfahrung eines Menschen, nicht gerüttelt werde hingegen an der fortbestehenden, wenn auch verborgenen, Anwesenheit Gottes. So Byung-Chul Han immer wieder. Hier ein Beispiel aus seinem Buch »Philosophie des Zen-Buddhismus«: »Im Sterben in Gott soll nichts endgültig verloren gehen. Ein tiefes Vertrauen in die göttliche Ökonomie begleitet das Sterben in Gott: ›Die Natur zerstört nichts, ohne dass sie ein besseres (dafür) gibt [...] Wenn dies die Natur (schon) tut, so tut's Gott umso mehr: Niemals zerstört er, ohne ein Besseres (dafür) zu geben‹«[204]

Auch Shizuteru Ueda, der sich intensiv mit Eckhart auseinandergesetzt hat, nennt immer wieder im Vergleich mit der Sprechweise Eckharts die Formulierungen des Zen »unmittelbarer und schlichter«.[205] Ueda sieht zwar bei Eckhart »die sogenannte ›negative Theologie‹ bzw. *via negativa* (d. h. über Gott zu sprechen, wie er nicht ist) in der Tradition der christlichen Mystik. Nur wird die Negation im Zen entsprechend dem unendlichen Nichts »jenseits der hundertfachen Negation« radikaler und dynamischer durchgeführt. Während z. B. Meister Eckhart sagt: »Gott ist ein Nichts«[206] sagt der Zen-Buddhismus einfach und unbedingt: »Nichts«. Mit seiner Aussage »Gott ist ein

*Wind*                                              © *Werner*

Nichts« will Eckhart sagen: Gott ist als das einzig Seiende das Sein selbst, das Sein aber, bevor es als solches benannt und erkannt wurde, ein überseiendes Sein, ein lauteres Sein, so lauter, dass es über jede Bestimmung erhaben ist und eben daher ein Nichts für den Menschen. Wenn der Zen-Buddhismus Nichts sagt, so ist das der Akt, in dem jede Zweiheit und jede Einheit zerstört und durchbrochen wird in die Wortlosigkeit. »Offene Weite; Heiliges und Weltliches sind spurlos verschwunden.«[207] Bei beiden Autoren glaube ich auf die Sorge zu stoßen, man könne der Absolutheit des Nichts Abbruch tun. Es geht aber um etwas anderes. Das Problem, das sich angesichts dieser Anfragen zeigt, ist ein grundlegendes. Es ist einerseits ein sprachliches: Wie können zwei absolute Aussagen nebeneinander oder auch zueinander stehen? Das Sein und das Nichts, Gott und der Mensch oder mit den Worten des Gründers der Soto Sekte, Tosan Ryokai: »das Aufrechte«, die Leere, das Nichts, und »die Neige«, die Materie, die Form.[208] Tosan warnt davor, einen Pol zu verabsolutieren, denn dann erschaffe man ein »Zen des Toten«.[209] »Es kann, je nach der Weise des Erwachens des Einzelnen, vorkommen, dass man in den unechten Stand des Aufrechten verfällt und ihn für den letzten Ort hält. Das wahre Erwachen liegt aber darin, dass der Stand des Aufrechten (Erfahrung des Nichts, der Leere) nicht nur der Aufrecht-Stand bleibt, sondern den Stand der Neige (Form, Materie, das konkrete Dies und Das) in sich enthält.«[210] Tosan formuliert: »Im Aufrechten die Neige.«[211] Er weist darauf hin, dass das Aufrechte, das Nichts, auch da, wo es absolut ist und einfach zu sein scheint, immer gleichzeitig relativ ist, in ihm ist die Neige enthalten und umgekehrt. Form ist Leere, Leere Form.

Eine sehr problematische Ausdrucksweise, missverständlich und unangemessen: Was ist das für ein »in«? Welche Bilder provoziert das »Enthaltensein«? Die Sprache ist an ihrer Grenze, sie kann nicht fassen, worum es geht.

Klassisch ist das Bild eines Mannes, der mit seiner Kalebasse unterwegs ist und versucht, einen lebendigen, fetten, lebensfrohen Fisch zu fangen. Er zieht die enge Öffnung der Kalebasse, die hier die Sprache darstellt, durchs Wasser, um den Fisch zu fangen. Der Fisch passt da aber nicht herein, allenfalls etwas von dem Wasser, in dem er sich tummelt.

»Enthaltensein« – angemessener lässt sich auf dem Weg der Verneinung sagen, um was es geht: wird die Polarität der Wirklichkeit nicht akzeptiert, dann kommt es zur Verabsolutierung einer Seite, das Paradox als fruchtbare Grundspannung des Lebens geht verloren. Zen wird zu einem Zen des Toten, das Leben als Ganzes verkommt in ein Leben des Toten. Spuren davon finden sich in jeder Art von Fundamentalismus.

Eckhart versucht nur selten, diese Komplexität durch absolute Formulierungen zu lösen. Er weiß, dass er, wenn er von der Vernichtung der Kreatur spricht, gleichzeitig von ihrer wundervollen Erneuerung spricht. Kaiji Nishitani formuliert das sehr ausgewogen:»Gott ist das absolute ›Nein‹, wie auch als das absolute ›Ja‹, zur geschaffenen Existenz allgegenwärtig. Wenn also irgendein Mensch, ganz gleich wer, der Allgegenwart Gottes ›existentiell‹ begegnet, so muss dies so sein, als sei er in einer Todeswüste ausgesetzt worden, in der es weder ein noch aus für ihn gibt. Der Allgegenwart Gottes ›existentiell‹ zu begegnen, bedeutet, dass Gott immer und überall als das Paradox unserer Existenz anwesend ist.«[212]

In dem Zwiespalt zwischen Sein und Nichts, Gott und Mensch, in der Todeswüste zeichnet Eckhart ein tiefes Wissen um die blühende Lebenswüste aus. Dies Wissen ist durch den Tod gegangen, durch die Abgeschiedenheit und Leere. Nicht nur Eckharts, vielmehr alle existentiellen Aussagen sind zu befragen, ob sie vor der Todeserfahrung getätigt wurden oder nachher. Nachher geht es nicht mehr um Qualitäten und Quantitäten wie unmittelbar und schlicht oder radikal, dann geht es nur noch darum, dankbar da zu sein und als »Teil« der Gottheit bei der

Gottesgeburt in den Seelen mitzuwirken oder das Erwachen der Menschen zu befördern. Der Weg des Ochsen kennt als achte Station den leeren Kreis als Zeichen des Nichts. Dieser steht jedoch in der Triade, die die drei letzten Bilder herstellen. Zur Leere des Kreises stellen sich in den beiden andern Bildern die Blume, die von sich aus blüht, die Natur und als zehntes Bild die Begegnung mit dem fremden Selbst im anders lebenden Menschen.

Christlich gesehen gibt es eine vergleichbare Situation, wenn nach der Himmelfahrt Jesu, dem Entzug in die Leere, der Bote des Himmels die Jünger auffordert, den Blick auf die Erde zu richten und nicht zu der himmlischen Sphäre.[213] Hier vollzieht sich die Fülle des Lebens, in der Abwesenheit Gottes, die gleichzeitig, in eins, seine Gegenwart ist. Ohne den Entzug Jesu in die Unfassbarkeit der Wolken, kann der Geist nicht kommen. Kein Pfingsten ohne Himmelfahrt. Kein Ankommen ohne Abschied. Der Abschied, der keinen Rest lässt, ist die Voraussetzung für das Erblühen der verabschiedeten Wirklichkeit als innere Realität. Das gilt wohl auch für die Entwicklung religiöser Phänomene in der Gegenwart. Vieles geht zugrunde, vertraute Sprache verliert ihr Gewicht, Interesse schwindet. Eine Bewegung, die weniger einer Himmelfahrt gleicht, vielmehr als ein Niederlassen zum Boden hin zu verstehen ist. Von ihm aus kann neues Leben, in welcher Form auch immer, aufstehen.

## 2. Zielvorstellungen können motivieren

Sowohl im Buddhismus wie auch im Christentum gibt es eine Tendenz, das erfüllte Leben in einen überweltlichen Bereich und eine ferne Zukunft zu verlegen, heiße die Zukunft nun Reines Land oder Himmel; die Projektionen können sich auch auf einen realen Ort dieser Welt beziehen. Das Reine Land z. B. kann man in Indien suchen, das Reich Gottes in einem idealen Staat oder in einer Landschaft, in der wenige Pkws und Industrieanlagen die Ruhe stören. Beide Auffassungen achten die Welt, so wie sie ist, gering.

Hakuin und Eckhart erteilen solchen Fluchtfantasien eine Absage.

Die Metapher des Weges legt solch ein Missverstehen zunächst einmal nahe. Ein Weg beginnt und hat ein Ende, er führt aus der Dunkelheit ins Licht. Das Gleichnis vom Wanderer, der sich aufmacht und das Meer sucht, oder das Bild vom Aufstieg der Seele zu Gott entsprechen dieser Denkvorstellung. Die Bilder wirken, weil es eine Tendenz im Menschen gibt, am Ziel ankommen, die Ziellinie überschreiten oder die Bergspitze erreichen zu wollen. Solche Vorstellungen können motivieren, sich auf den Weg zu machen. Illusionär ist das Bestreben jedoch dennoch, weil die Suchenden schon am Ziel sind, sie wissen es nur noch nicht. Der Blick vom Gipfel wäre jetzt möglich, er ist nur von Wolken benebelt. Das Reine Land, der Himmel oder das Reich Gottes sind lediglich Bilder für den Frieden des Menschen mit sich selbst und anderen in dieser konkreten Welt.

Zu dieser Einsicht zu kommen ist für Hakuin vor allem verbunden mit verschiedenen Durchbrüchen hinein in die Erleuchtung, in ein Erwachen, in ein neues Leben, das aus der Bereitschaft und dem Vollzug des großen Todes, wie er das nennt, resultiert. Aus der existenziellen Einsicht, in einem Räuchergefäß in einem vergessenen alten Friedhof tote Asche zu sein, wächst die Erfahrung, »die frische Brise (zu werden), die sich erhebt, wenn eine große Last abgenommen wird.«[214] Hakuin beschreibt, wie für die Wachgewordenen sich die Werte wandeln. Was bislang galt und große Bedeutung hatte, wird zu Wind und Asche. Ein großes Mitgefühl erfüllt den Menschen, und dieser kennt vor allem den sehnlichen Wunsch, anderen Menschen zu ihrem Durchbruch zu verhelfen.

Eckhart nimmt im Menschen die große Sehnsucht wahr, sich in einem Zustand zu erfahren, wo er weder »Gott« noch Kreatur ist, »vielmehr, was ich war und was ich bleiben werde jetzt und immerfort (…), denn mir wird in diesem Durchbrechen zuteil, dass ich und Gott eins sind.«[215]

Die duale Wahrnehmung, die Distanzierung zwischen Subjekt und Objekt, die Selbstentfremdung wird für Eckhart durchbrochen und der Mensch erfährt sich eins mit Gott. Eckhart spekuliert nicht, wie die Vollkommenheit dieses zu sich gekommenen Menschen aussieht, er verweist stattdessen auf konkrete Gestalten der christlichen Tradition, er nennt zum Beispiel Maria, die Mutter Jesu, Martha, die Schwester des Lazarus, Elisabeth von Thüringen oder unter den Männern Paulus. Sie verkörpern für Eckhart den armen Menschen, der sich nicht durch sein Haben, sondern vielmehr durch sein Sein auszeichnet. In diesem Zusammenhang ist Gerechtigkeit für ihn ein zentraler Begriff. Der auf Gott gerichtete, der gelassene Mensch, ist der Gerechte, der diese Ausrichtung auch im Umgang mit sich und den Menschen lebt. Der Mensch, der sich selbst gelassen hat, ist sein Leitbild.

Beide Autoren tun sich verständlicherweise leichter, missbräuchliche und verkürzte Vorstellungen und Praktiken des zu neuem Leben gekommenen Menschen zu benennen und zurückzuweisen. Wenn es um die Ausformulierung des Ziels der Übung bzw. des Lebens geht, stoßen wir neben andeutenden Formulierungen eher auf Metaphern, auf bildhafte Hinweise. Das hat wohl auch damit zu tun, dass jeder Mensch eine ihm eigene Weise lebt, die in ihrer jeweiligen Vorläufigkeit verbal schwer zu vermitteln ist, auch wenn er die Erfahrung selbst mit vielen Menschen teilt. Der Zen Meister Koun Yamada formuliert das so: Der »Gehalt der Zen-Erfahrung selbst ist bei Christen, Buddhisten oder denen, die nicht gläubig sind, vollkommen gleich. Was jedoch verschieden ist, ist die Deutung, die man ihr gibt.«[216]

Eckhart verweist darauf, wie wichtig es ist, dass die Jungfrau, der gelassene, empfangende Mensch, ein Weib wird, mit anderen Worten, dass der erleuchtete Mensch ein tätiger Mensch ist, der in seinem Tun die Gotteskindschaft manifest macht. »Dass der Mensch Gott in sich *empfängt*, das ist gut, und in dieser Empfänglichkeit ist er Jungfrau. Dass aber Gott fruchtbar in ihm werde, das ist besser; denn Fruchtbarwerden der Gabe, das allein ist Dankbarkeit für die Gabe.«[217]

## 3. Sozialpolitische und religiöse Konsequenzen

Die Konsequenzen, die sich nach dem Durchbruch durch die Dualität ergeben, die Einblicke und Erfahrungen der Menschen, bewirken grundlegende Veränderungen im alltäglichen und auch im religiösen Leben.

Nun lässt sich wieder einmal zunächst leichter formulieren, welchen Versuchungen der gelassene oder der erleuchtete Mensch weniger schnell erliegt als der im Nebel agierende. Bevor der Versuch unternommen wird, positiv zu formulieren, wie das Ziel der Übung, die konkrete Umsetzung im Alltag, aussieht.

Beide, Eckhart und Hakuin, sind vorsichtig, wenn sie beginnen, Vorstellungen einer perfekten Gesellschaft zu entwerfen, weil beide um die Neigung wissen, die reale Welt durch Wünsche und Vorstellungen zu vernebeln. Das zeigen Versuche sowohl christlicher wie auch sozialistischer Gruppen, die eine ideale Gesellschaft realisieren wollten und eher das Gegenteil schufen.

Im Umgang mit den Dingen, auch in der Zusammenarbeit mit Menschen, lernt der gelassene und erleuchtete Mensch, ein Bewusstsein um Nähe, Distanz und Differenz zu entwickeln. Er lässt sich weder absorbieren von der Faszination für das Fremde noch von den Gefühlen der Abneigung und der Ablehnung, wenn ihm Widriges entgegenkommt. Er verfügt über die Gabe der Unterscheidung, er steht, wie Eckhart formuliert, bei und nicht in den Dingen, wird nicht vom Konsum und der Arbeit absorbiert.

Der Nationalsozialismus hat hingegen sowohl in Japan Zen-Meister wie auch in Deutschland Menschen, die sich Christen nannten und auch Ämter bekleideten, in Erscheinung treten lassen, die nicht fähig waren, Geist und Ungeist zu unterscheiden. Viele waren, aus welchen Gründen auch immer, nicht in der Lage, sich für verfolgte Menschen einzusetzen und ihrer Liebe ungehinderten Lauf zu lassen. Im Nachhinein kann man wohl nur fragen, ob sie wirklich gelassen und erwacht oder nicht doch völlig im Nebel auch der eigenen Ideologie gefangen waren. »Marschieren: marsch, marsch; schießen: peng, peng. Dies ist die Manifestation der höchsten Weisheit.« So Zen-Meister Harada Daiun Sogaku.[218] Oder zu der Rolle, die auf der anderen Seite zum Beispiel Papst Pius XII. vor und im Zweiten Weltkrieg gespielt hat, heißt es: »Das Schweigen des Vatikans zur Rolle von Papst Pius XII. im Zweiten Weltkrieg hält bis heute an.«[219] Hans Küng ist der Meinung: »Hitler war für Papst Pius XII. das kleinere Übel.«[220] Der Papst blieb verwickelt in seine Bedenken und eingesperrt in seine Sorgen, sie trieben ihn um, sodass er sich nicht aus der Abwägung seiner prinzipiellen Rücksichten, die er zu nehmen hatte, lösen konnte.

So schwierig es ist, Verhalten anderer Menschen zu deuten, zu erklären oder gar zu beurteilen, mir scheint der Hinweis auf diese Entgleisungen nötig, um aufmerksam auf die Welt zu machen, innerhalb derer die von Hakuin und Eckhart gemachten Erfahrungen und Äußerungen ihren Platz und ihre Anerkennung suchen.

Wenn Eckhart noch darauf hinweist, dass Gott die größere Sünde, das größere Versagen dem kleinen vorzieht, weil er dann seine Barmherzigkeit in größerem Ausmaß schenken könne, »Gott gibt nichts so gerne wie große Gaben«[221] dann kann sich auf der argumentativen Ebene nur Widerstand und Widerwille gegen solche Äußerungen regen. Sie scheinen geradezu darauf angelegt, den Menschen zum Verbrechen zu ermutigen. Aber ist das wirklich eine Aufforderung zum Unrecht, zur kriminellen Tat? Ganz sicher nicht. Es geht Eckhart darum, das unbeschreibbare Ausmaß der liebevollen Zuwendung Gottes zum Menschen ins Bewusstsein zu heben. Seine Formulierungen verlassen im Überschwang seiner Begeisterung bisweilen den Boden einer abgewogenen Argumentation, Eckhart neigt von Zeit zu Zeit zu gewagten Formulierungen. Auch wenn, wie angedeutet wurde, Unverständnis, Kleinmut und Befangenheit die Einsicht in die tieferen Wirkzusammenhänge trüben und wirkungslos machen können, so ist doch deutlich, dass der gelassene und erwachte Mensch in vielerlei Weise eine ungefilterte Sicht auf das Zeitgeschehen hat, einen anderen Blick und hoffentlich auch ein anderes Verhalten als der umnebelte.

Zum einen betrifft das den Umgang mit den Ressourcen dieser Welt, zweitens die Frage, wie sich der Einzelne der Gruppe der anderen gegenüber verhält und drittens steht die Überlegung an, welche Gestalt sich religiöse Gemeinschaften in Zukunft geben.

### Die Wertschätzung von Natur und Welt

Eckhart liest die Natur wie eine Spur Gottes, sie ist für ihn gleichwertig neben der Bibel ein Buch, das von Gott spricht. Daraus resultiert eine große Wertschätzung der Natur, die ihr jedoch nicht als Kreatur gilt, sofern sie geschaffen ist, sondern in erster Linie dem Schöpfer. Eckhart sieht den Menschen in einem ständigen Ringen um die Möglichkeit, in den Dingen den Schöpfer zu erkennen und nicht der Faszination der Welt zu erliegen und sich auf das konkrete Dies und Das zu stürzen. Ist die Welt gut, dann gilt es, nicht die Welt zu umarmen, sondern sich auf das Gutsein zu konzentrieren, sich dem Gutsein zu öffnen und darin den zu berühren, aus dem der Strom des Gutseins quillt.

Eckhart entwirft kein ökologisches Programm, ebenso wenig wie Hakuin. Beide aber schätzen die Dinge dieser Welt, die Natur und ihre Phänomene, das Wachsen und Entstehen, das Fließen und das Vergehen, den Klang und die Berührung. Sie sind beiden Gleichnis für das, was sie vermitteln wollen. So lautet die

Antwort auf die Frage nach der letzten Wahrheit im Zen-Buddhismus:»Die Zypresse im Hof.« Der Klang eines kleinen Kieselsteins, der beim Fegen des Hofes anstößt und erklingt, kann der Auslöser für das Erwachen sein, für den Durchblick durch die illusionäre Vorstellung von der Welt.

Eckhart vergleicht die Beziehung des Menschen zu Gott mit dem Verdauungsvorgang im Darm des Menschen. Er sieht in der Zerkleinerung und Auflösung der Nahrung ein Bild für die Überformung des Menschen durch Gott. Die Speise, Gott, verwandelt den Menschen, sie dringt mit ihren Wirkstoffen in alle Zellen und erschafft einen neuen Organismus.[222]

Begibt man sich in den Bereich des Konkreten, betrachtet man die Natur, dann berührt man sowohl bei Eckhart als auch bei Hakuin eine Zwischenwelt. Das muss wohl so sein, wollen doch beide kein Anhaften an ein konkretes Dies und Das. Beide wollen darüber hinaus oder tiefer hinein oder in die Transformation dessen, was erscheint und sich voller Liebreiz inszeniert, beide suchen das, was nicht nur ein distanziertes Objekt ist. Und so kommt es durchaus zu Formulierungen, die die Natur und die Kreatürlichkeit des Daseins abwerten und für nichtig erklären.

»Drei Dinge sind es, die uns hindern, so dass wir das ewige Wort nicht hören: Das erste ist Körperlichkeit, das zweite Vielheit, das dritte ist Zeitlichkeit.«[223] Das, was das menschliche Leben lebenswert zu machen scheint, seine Vielfalt im Werden und Vergehen der Zeit, seine sinnliche Fülle, das alles sind für Eckhart Hindernisse für die Geburt Gottes in der Seele des Menschen – insofern, und das ist immer wieder die entscheidende Einschränkung – insofern sie sich verabsolutieren und nicht mehr durchlässig sind für den Schöpfer. Mit anderen Worten: solange sie noch ein getrenntes Gegenüber und nicht in der Erfahrung gemeinsamen Daseins aufgehoben sind.

Hakuin benutzt den Begriff der Natur, wie sie in seiner Tradition, die von China her geprägt ist, verstanden wird. Der Begriff für Natur besteht aus zwei chinesischen Schriftzeichen aus shi und zen, shi-zen »Das erste bedeutet im Zusammenhang mit dem zweiten ›von sich selbst her‹. Das zweite bedeutet ›so sein‹ mit einer gewissen impliziten Bejahung. Dementsprechend besagt der Terminus, fast wörtlich übertragen, soviel wie »so sein, wie es von sich selber her ist.«²²⁴

Begegnet nun der Mensch einem Phänomen der Natur und tut er das wachen Herzens, dann kann er in der Erkenntnis dessen, was so ist, wie es von sich her ist, sich auch selbst als jemand erfahren, der von sich aus ist, was er ist.

Natur entzieht sich in dieser Begegnung jeder Form von Gebrauch und Nutznießung, sie kann allerdings die existenzielle Not wenden, sie ist notwendig, und wird in dem Sinn auch gebraucht.

Hakuin hat sie in seinen Übungen brauchen wollen, um die Erleuchtung zu erlangen, er hat erzwingen wollen, was zwar den ganzen Einsatz fordert, aber nur geschenkt wird. In den Gesprächen hat er davon berichtet, wie er ohne Rücksicht auf seinen Körper meditiert, wie er versucht hat, eins mit dem Koan zu werden und dabei die Erfahrung gemacht hat, wie die Natur antwortet, wenn sie funktionalisiert wird: Er wurde krank. Er hat sich belehren lassen, er hat nachgegeben und durch die Begegnung mit Meister Hakuyu im übenden Umgang mit Bildern Gesundung gesucht.

Diese skizzierte Haltung Eckhards und Hakuins kann in einer Welt, die durch rücksichtslose Ausbeutung der Natur und eine einseitige Verherrlichung des blühenden Lebens gekennzeichnet ist, ein tief greifendes Korrektiv sein. Beider Haltung kann in einer Welt, in der das Gesetz des Habenwollens dominiert, an die Haltung des Seins erinnern. Erich Fromm formuliert in Anlehnung an Eckhart, Buddha und Marx Kennzeichen eines neuen Menschen. Ich zitiere nur eine kleine Auswahl:

»Die Funktion der neuen Gesellschaft ist es, die Entstehung eines neuen Menschen zu fördern, dessen Charakterstruktur folgende Züge aufweist:

- die Bereitschaft, alle Formen des Habens aufzugeben, um ganz zu *sein*
- Sicherheit, Identitätserleben und Selbstvertrauen, basierend auf dem Glauben an das, was man *ist*, und auf dem Bedürfnis nach Bezogenheit, auf Interesse, Liebe und Solidarität mit der Umwelt, statt des Verlangens zu *haben*, zu besitzen und die Welt zu beherrschen und so zum Sklaven des eigenen Besitzes zu werden
- Annahme der Tatsache, dass niemand und nichts außer uns selbst dem Leben Sinn gibt, wobei diese radikale Unabhängigkeit und Nichtheit (no-thingness) die Voraussssetzung für ein volles Engagiertsein sein kann, das dem Geben und Teilen gewidmet ist
- Die Fähigkeit, wo immer man ist, ganz gegenwärtig zu sein
- Sich eins zu fühlen mit allem Lebendigen und daher das Ziel aufzugeben, die Natur zu erobern, zu unterwerfen, sie auszubeuten, zu vergewaltigen und zu zerstören, und statt dessen zu versuchen, sie zu verstehen und mit ihr zu kooperieren.«[225]

## Einzelne im Spannungsfeld der Gruppe

Für Eckhart gewinnt der Einzelne eine herausragende Position. Diese basiert darauf, dass er oder sie im Blickfeld Gottes existiert, dass er Gottes Wort, sein Beiwort, und zurückwirkend auch selbst Schöpfer ist. Dieser Aspekt ist so zentral, dass die Frage nach dem horizontalen Verbundensein oder nach konkreten Strukturen der Gesellschaft kaum auftaucht. Er fragt nicht nach den Vorfahren, interessiert sich nicht für den Platz in der Geschwisterreihe oder den Einfluss der Gruppe Gleichaltriger. Der horizontalen Dimension, der Frage nach der sozialen Verbundenheit geht Eckhart in seinen Überlegungen nicht nach – so sehr er auch mitgewirkt hat bei der Reform der klösterlichen Kommunitäten.

Auch Hakuin erscheint im Kreis seiner Familie als junger

Mönch und später als Pillenverkäufer nicht als angepasster Zeitgenosse, er beschimpft die Masse der irregeleiteten Priester und sehnt sich danach, endlich einen Menschen zu finden, der das Rüstzeug mitbringt, den Weg der Übung zu gehen. Er kommt der Position Jesu nahe, wenn es ihm wichtiger ist, die Ausrichtung auf das Nirwana als verbindendes Element zwischen Menschen zu sehen als die Frage der Familienzugehörigkeit. Abgewandelt kann man sagen: Der ist ihm Bruder und Schwester, der dem Dharma folgt.

Die Betonung des Einzelnen in seiner unmittelbaren Gottesbeziehung, in seiner Ausrichtung auf das Dharma, hat immer wieder zu Verzerrungen und Fehlentwicklungen geführt, und das bei allen Institutionen, die Menschen auf dem Weg der Übung begleitet haben. Die Ursache für menschliche Verkrüppelung bis hin zum Missbrauch liegt darin, dass die vertikale Gründung des Menschen absolut gesehen und die horizontale Angeschlossenheit an die Quelle menschlich-natürlichen Lebens außer acht gelassen oder unterbewertet wurde.

Hakuin wurde aufgrund der Einseitigkeit krank, die Klöster der westlichen Welt degenerierten, mussten immer wieder reformiert werden, sie leeren sich heute. Andere Orte werden gegründet, wo die Kunst zu leben, ausgebildet und gewagt werden kann. Es entstehen andere Formen einer Übung, die sowohl der Vertikalen Aufmerksamkeit schenkt wie auch der Horizontalen. Beide Richtungen können sich im Kreuzpunkt berühren und fruchtbar werden.

## Nachreligiöses Christentum

Eckhart feiert Eucharistie, er nimmt am Stundengebet teil, er betet, auch im traditionellen Sinn zu einem außen vorgestellten Gott, er liest die Bibel und fordert niemanden auf, der religiösen christlichen Praxis den Rücken zuzukehren. Wer Gott gelassen hat, kann sich in einem neuen Bewusstsein wieder an ihn wenden. Eckhart stellt das traditionelle Verstehen von Religion nicht nur auf den Kopf, er führt den Menschen vielmehr aus einem religiösen in ein christliches Selbstverständnis. Diese These knüpft an vertraute Bilder und dynamische Schritte an und weckt auch entsprechende Energien sowie die dazu gehörenden Widerstände. Grundlegend wirksam ist das Modell des Exodus, des Auszugs aus Ägypten, des Wegs durch die Wüste hin in die Richtung eines gelobten Landes, mit anderen Worten: Abschied von den Götzen und hin zum Gott Israels, Umkehr!

Die traditionelle christliche Religion, die dann Ägypten zugeordnet wird, bedient kindliche Bedürfnisse: den Wunsch nach Sicherheit und Geborgenheit, nach Leitung, nach der Möglichkeit, Verantwortung abzugeben. Projektion als grundlegende Annäherung an die Welt verlegt die Wirklichkeit Gottes nach außen, verlegt ihn so weit nach draußen oder oben, dass es Priester braucht, die die Verbindung herstellen und auch pflegen. Ägypten ist die Chiffre, die für eine noch an der Brust der Mutter durch Milch genährte Religiosität steht, eine kindliche, unentwickelte Religiosität.

Um besser zu verstehen, welch stille, tief greifende Verwandlung Eckharts Position auslöst, möchte ich mit Thomas Ruster an die typischen Kennzeichen von Religion erinnern.[226] Religionen speisen sich aus der erfahrbaren und dadurch überzeugenden Wirklichkeit. Z. B. gewinnt die Religion Kanaans ihre Dynamik und Anerkennung aus der Erfahrung der unerschöpflich fruchtspendenden Natur. Sie gilt es zu pflegen, ihr dankt man, sie braucht ihre Dienerinnen und Diener. Zu den markanten Zeitpunkten von Aussaat und Ernte gesellen sich Feste. Unter den Leben spendenden und auch gelegentlich gefährdenden Mächten werden Hierarchien entdeckt und gebildet. Die höchste Macht regelt einen geordneten Kult, einen mehr oder weniger geordneten Alltag. Götter entstehen dann in der Überhöhung der zunächst einmal begrenzten Erfahrungen. Die Religion überzeugt, weil sie sich mit der alltäglichen Wirklichkeit deckt. Seien es die Phänomene der Natur, seien es die Erscheinungen von Macht und Ansehen, an denen die »Gläubigen« partizipieren dürfen. In der Geschichte der christlichen Religion spielt hier Konstantin eine wichtige Rolle, er hat das Christentum zur Staatsreligion gemacht.

Konsequenterweise führt diese sich vielfältig manifestierende Weise von Religionsgründung zum Kapitalismus als dem gegenwärtigen Phänomen von Religion schlechthin. Geld, Gewinn, Erwerb, Macht und Erfolg heißen die Götter dieser Religion. Luther hat mit seiner Kritik am Ablasshandel auf erste Formen des kapitalistischen Lebens aufmerksam gemacht. Das Leben wird ein Hin und Her von Angebot und Nachfrage, von Versicherungen aller Art, Vorsorge und Effizienz. Der Finanzminister ist das entscheidende Mitglied des Kabinetts. Der Markt ist der Tempel, in dem sich der Gottesdienst vollzieht.

Die Kirchen spielen in diesem Markt mit, sie betreiben Banken, sie wirtschaften, oft wenig professionell, legen Geld an und binden sich an das Kapital. Aus guten und nachvollziehbaren Gründen. Nur so ist die Unterhaltsverpflichtung ihren Angestellten gegenüber zu gewährleisten, so nur lassen sich caritative Einrichtungen effizient und dauerhaft betreiben, nur so ist die bauliche Substanz der kulturgeschichtlich so wertvollen Gotteshäuser gesichert. So weit, so gut für die Religion. Und so weit, so schlecht für das Christentum. Nachdenklich wird man spätestens dann, wenn von den Gotteshäusern die Rede ist. Auch sie sind Teil des Immobilienmarktes. Sie sind nach Stilllegung und Umwidmung nicht immer problemlos zu vermarkten, meist für einen Euro, weil die Betriebskosten so hoch liegen. Entscheidend aber ist die Frage: Welcher Gott war denn da zu Hause? Wo ist denn sein Ort jetzt? Hat er einen Ort? Wie sieht die Beziehung zu ihm aus?

Eckharts Bewusstsein hat Abschied genommen von der christlichen *Religion*, er nährt sich nicht mehr aus der mütterlichen Quelle. Er hat sich auch verabschiedet von den Bildern, die wie

Muttermilch die Seele ernähren können und auch von der brillierenden Welt geistreicher Gedanken, sie sind nur zu einem gedachten Gott fähig. Er hat sich schließlich auch von den sinngebenden Konzepten der kirchlichen Lehre gelöst. Religion als aufmerksame und gehorsame Handhabung von Ritualen, Glaubenssätzen und Sinnzusammenhängen, Religion als Versammlung von Gleichgesinnten unter dem Schutzmantel von Mutter Kirche ist an ihr Ende gekommen. Ägypten liegt, so verstanden, hinter dem Wanderer, der den Weg des Lassens begonnen hat und dadurch in die Wüste und Abgeschiedenheit gelangt ist. Nichts wissen, nichts haben, nichts wollen.

Wer in diese Weise des Christlichen hineinhorcht, wer die Krücken aus der Hand gegeben hat, wird vielleicht aus der Kirche austreten, er oder sie kann aber auch in herzlicher Verbundenheit bleiben. Die Kirchen könnten zunehmend ihren eigenen Götzendienst, die Machtausübung durch Männer, das Vertrauen auf das Kapital und die Teilhabe an staatlicher Macht sowie die Manipulation Gottes erkennen und dann auch die Religion des Kapitalismus als Götzendienst kennzeichnen. Götzendienst, welcher Art auch immer, führt nachhaltig nicht zur Befreiung der Menschen und auch nicht zur Gerechtigkeit für möglichst viele.

Ein Bittgebet ist in einer erneuerten Kirche, um ein Beispiel zu nennen, nicht Ausdruck der Hoffnung, dass der gute Vater irgendwo die Bitte hört und vielleicht erhört. Ein Bittgebet ist dann Ausdruck der Einsicht in die Hilfsbedürftigkeit des Menschen, ist dann ein Platzieren des Missstandes in den großen Lebenszusammenhang, ist Ausdruck des Mitgefühls, ist auch Motivation, selbst tätig zu werden und zu helfen, soweit das möglich ist.

Das große Kapitel des nachreligiösen Christseins kann hier nicht entfaltet werden. Von Eckhart her kann zusammenfassend formuliert werden, dass es immer wieder darum geht, um der Kirche willen die Kirche zu lassen. Die neue Kirche, die am Horizont schon auftaucht, ist die Gemeinschaft der Abgeschiedenen, der Gelassenen, der Armen im Sinne Eckharts.

Diese Armen werden sich den Erfordernissen der Zeit stellen in der Zusammenarbeit mit allen Menschen guten Willens für wachsende Gerechtigkeit, ihr Gottesdienst wird als Zusammenkunft jede und jeden einzelnen in ihrer bzw. seiner Gott-Unmittelbarkeit stützen und ermutigen. Statt einer liturgischen Geschäftigkeit wird mehr Stille und Aufmerksamkeit die Zusammenkunft durchwehen, sodass sich das Wort in seiner ursprünglichen Lebendigkeit entfalten kann. Eucharistiefeier, Danksagung ist dann der angemessene Begriff, um das Zusammentreffen von erlösten Menschen zu beschreiben. Sie schaffen in ihrem Zusammensein einen eher passiven Raum, in dem Gott, das umfassend und innige Eine, wirken kann.

Für Hakuin und andere Menschen, die aus dem Geist Buddhas leben, ist die Gottesbeziehung des Christen immer wieder sperrig und anstößig. Wir haben gesehen, dass sich bei ihnen immer wieder der Verdacht einschleicht, Christen hielten an einem *deus ex machina*, an einem großen Zauberer, fest, der den Horror der Leere dann doch noch auffüllt und alle Unebenheiten glattstreicht. Die Beziehung zwischen einem Ich und Gott ist außerdem äußerst bedenklich, wenn man davon ausgeht, dass das Ich eine Fiktion ist, ein sekundäres Konstrukt verschiedener Funktionen, das durch die Beziehung zu Gott eine scheinbare und illusionäre Aufblähung erfährt.

In der Geschichte des Christentums samt seiner jüdischen Wurzeln gibt es hinreichend viele zustimmende Belege für diese kritischen Anmerkungen. Christen und allen voran Meister Eckhart teilen diese Bedenken. Diese bestehen auch aus der Sicht unseres Dialogs hier zu Recht. Was mit diesen Einwänden aber nicht berührt wird, weil es auch nicht gesehen wird, ist der Umstand, dass das Christentum, und ganz pointiert das Verstehen Eckarts, ein durch und durch dialogisches ist. Es ist nicht so, dass zu der Existenz des Menschen später ein Gott dazugeholt und das Personal auf diese Weise erweitert und der Mensch aufgewertet wird, Eckhart sieht vielmehr den Beziehungsraum

Gottes als primäre Gegebenheit, als das Eine, aus dem der Mensch als ein Glied dieses Ganzen in Erscheinung tritt. Nicht Gott erscheint in der Welt, Mensch und Welt erscheinen vielmehr als Dialogpartner des innergöttlichen Lebens in der Weise der Stofflichkeit, in der sinnlichen Fassbarkeit Gottes. Welt ist dann nicht nur ein Raum im großen Kosmos, Welt ist ein Beziehungsraum, der Raum, der dadurch entsteht und sich dadurch artikuliert, dass Gott, der Vater das Wort spricht und hört. Es pflanzt sich fort, es entspricht, es kehrt zeugend zurück und lässt die Teilhabe an der ständigen und liebevollen Kommunikation freudig erfahren. Eins, obschon getrennt, unvermischt und ungetrennt.

Dieser Erfahrungsraum kann sich auch im zen-buddhistischen Kloster öffnen. Die große Desillusionierung, das Sterben des großen Todes, lassen in der Kommunikation der Mönche untereinander und in der Begegnung mit dem Roshi beim Dokusan einen intensiven liebevollen Beziehungsort entstehen, den Seins-Raum. Er ermöglicht allen Beteiligten, ihr Eigensein zu wahren und gleichzeitig sich als eins zu erfahren im Bewusstsein, das ohne benennbaren Inhalt ist.

Das Gespräch ist nicht zu Ende, aber es kommt hier erst einmal zum Abschluss.

Dazu soll noch einmal Keiji Nishitani zu Wort kommen, der zu formulieren versteht, wo Hakuin und Eckhart in aller Unterschiedenheit eins sind:

»Die Sonne schickt ihre Strahlen nicht an einen Ort, den sie sich ausgesucht hat, noch legt sie irgendeine Vorliebe an den Tag, die von Zuneigung oder Ablehnung diktiert wäre. In ihrem Leuchten gibt es kein *ego*. Ohne Ich oder selbstlos sein, heißt »leer« sein (*sunyata*). Darin hat die Vollkommenheit Gottes etwas mit dem Großen Mitleidigen Herzen des Buddhismus gemein. Und vom Menschen wird verlangt, in solch einer Weise vollkommen zu sein wie Gott.«[227]

# Anmerkungen

1   Ueda, Shizuteru: Wer oder was bin ich? Zur Phänomenologie des Selbst im Zen-Buddhismus. Freiburg i. Br. 2011, S. 9 (im Folgenden zitiert als Ueda 2011)

2   Ebd., S. 174

3   Ebd., S. 178

4   Ebd., S. 181

5   Angelus Silesius: Cherubinischer Wandersmann. Kritische Ausgabe. Stuttgart 1995, S. 69

6   Ueda 2011, S. 160

7   Ebd., S. 161

8   Meister Eckhart: Werke in zwei Bänden. Hrsg. und kommentiert von Nikolaus Largier. Frankfurt a. M. 1993. Band I, S. 71,32–37 (im Folgenden zitiert als EW I bzw. EW II)

9   Welte, Bernhard: Meister Eckart. Gedanken zu seinen Gedanken. Freiburg i. Br. 1979, S. 110

10  Hakuin: Wilder Efeu. Hrsg. von Norman Waddell. Berlin 2006 (im Folgenden zitiert als WE)

11  WE, S. 88–89

12  Ebd., S. 90

13  Ebd., S. 94

14  Ebd., S. 100

15  Ebd., S. 101

16  Ebd., S. 103

17  Ebd., S. 103

18  Ebd., S. 104

19  Ebd., S. 104–105

20  Ebd., S. 108

21  Ebd., S. 111

22  Ebd., S. 186

23  Hakuin: Authentisches Zen. Hrsg. von Norman Waddell. Frankfurt A. M. 1997, S. 114 (im Folgenden zitiert als AZ)

24  Ebd., S. 115

25  Ebd., S. 119

26  Ebd., S. 59

27  Ebd., S. 64–65

28  WE, S. 112–113

29  EW I, S. 143,16–18 (Predigt 12)

30  AZ, S. 39–47

31  EW I, S. 139,27–36 (Predigt 11)

32  Vgl. Offb 14,4

33  EW I, S. 141,16–30 (Predigt 11)

34  WE, S. 162–163

35  EW II, S. 213,7–15 (Predigt 86)

36  WE, S. 78

37  Ebd., S. 79

38  EW II, S. 227,15–28 (Predigt 86)

39  Ueda, Shizuteru: Die Gottesgeburt der Seele und der Durchbruch zur Gottheit. Die mystische Anthropologie Meister Eckharts und ihre Konfrontation mit der Mystik des Zen-Buddhismus. Gütersloh 1965, S. 145–169 (im Folgenden zitiert als Ueda 1965), Neuauflage 2018, Freiburg

40  Ebd., S. 147

41  Ebd.

42  Mt 28,7

43  Mt 28,10

44  Apg 1,6–11

45  WE, S. 174–176

46  EW II., S. 209,3–15 (Predigt 86)

47  Ebd., S. 209, 16–23

48  Vgl. Lk 10,41–21

49  Ebd. EW II., S. 213,7–22 (Predigt 86)

50  WE, S. 144

51  Ein Koan, bei dem es um die Buddhanatur des Hundes geht.

52  Die »Zypresse im Hof« ist die Antwort auf die Frage nach der letzten Wahrheit des Zen-Buddhismus in Japan.

53  Isutzu, Tohihiko: Philosophie des Zen-Buddhismus. Hamburg 1986, S. 119–121 (im Folgenden zitiert als Izutsu Toshihiko Isutzu 1986)

54  EW I, S. 555,5–33 (Predigt 52)

55  Tanahashi, Kanuaki: Der Zen-Meister namens Hakuin Ekkaku. Köln 1989, S. 113 (im Folgenden zitiert als Tanahashi 1989)

56  EW I, S. 139,34–35 (Predigt 11)

57  EW I, S. 139,32–33 (Predigt 11)

58  Vgl. Hisamatsu, Hoseki: Die Fülle des Nichts. Vom Wesen des Zen. Pfullingen 1980 (im Folgenden zitiert als Hisamatsu 1 1980)

59  Nishitani, Keiji: Was ist Religion? Frankfurt a, M. 1986, S. 162 (im Folgenden zitiert als Nishitani 1986)

60 Ebd., S. 164–165
61 Mt 27,56
62 EW II, S. 77,33–37 und S. 79,1–9 (Predigt 71)
63 EW I, S. 53,8–28 (Predigt 4)
64 Vgl. AZ, S. 110
65 Ebd.
66 Lotus Sutra. Darmstadt 1987, S. 3 (im Folgenden zitiert als LS)
67 Ebd., S. 53
68 Ebd., S. 63
69 Ps 1,1–3
70 WE, S. 17
71 EW I, S. 409,18–24 (Predigt 38)
72 Phil 2,1–11
73 EW I, S. 555,13–15 (Predigt 52)
74 Abe, Masao: Kenotic God and Dynamic Sunyata. In: Cobb, John B. / Ives, Christopher: The Emptying God. A Buddhist-Jewish-Christian Conversation. New York 1990, S. 10 (eigene Übersetzung des Verfassers; im Folgenden zitiert als Abe 1990)
75 Ebd., S. 14
76 Mt 5,44
77 Nishitani 1986, S. 119
78 Ebd., S. 117
79 Abe 1990, S. 18
80 Ebd., S. 26
81 Vgl. ebd., S. 27
82 Ebd., S. 61
83 EW I, S. 455,27–36 (Predigt 42)
84 Vgl. Hisamatsu, Hoseki: Die fünf Stände von Zen-Meister Tosan Ryokai. Strukturanalyse des Erwachens (Im Folgenden zitiert als Hisamatsu ²1980)
85 EW I, S. 263,15–16 (Predigt 22)
86 Eckhart: Vom edlen Menschen. EW II, S. 319,13–38; 321,1–16
87 EW I, S. 637,21–27 (Predigt 60)
88 Vgl. Kosaka, Masaaki: Die hermeneutische Struktur des Weges. In: Ohashi, Ryosuke (Hrsg.): Die Philosophie der Kyoto-Schule. Freiburg i. Br. 2011, S. 330–340 (im Folgenden zitiert als Kosaka 2011)
89 Ebd., S. 332; siehe auch Stangier, Klaus-Werner: Schritte ins Freie, Freiburg i. Br. 1993 (im Folgenden zitiert als Stangier 1993); Stangier, Klaus-Werner: Den eigenen Weg finden, Freiburg i. Br. 2003 (im Folgenden zitiert als Stangier 2003)
90 AZ, S. 69
91 Ebd., S. 101

92  LW I, S. 207,4

93  EW II, S. 489,27–31, S. 491,1–2

94  AZ, S. 70

95  Ebd., S. 118

96  Ebd., S. 47

97  Ebd., S. 57–48

98  Ebd., S. 49

99  Zengeschichte »Der Ochs und sein Hirte«. Aus dem alten China. Pfullingen 1958, S. 13 (im Folgenden zitiert als ZG)

100  Ebd., S. 17

101  Ebd., S. 21

102  Ebd. S. 25

103  Ebd., S. 29

104  Ebd., S. 33

105  Ebd., S. 37

106  Ebd., S. 41

107  Ebd., S. 45

108  Ebd., S. 49

109  WE, S. 184–186

110  Hakuin: Zenji Zazen Wasan. Hakuins Lied von der Meditation. Zürich 1994, S. 24 (im Folgenden zitiert als LvM)

111  Vgl. ZG, S. 46: »Rote Blumen blühen in herrlicher Wirre.«

112  Ebd., S. 45

113  EW I, S. 107,7–10 (Predigt 9)

114  EW I, S. 65,9–24 (Predigt 5A)

115  EW II, S. 387,21–27 (Traktat 2)

116  AZ, S. 143

117  Ebd., S. 161

118  Ebd., S. 144

119  Ebd., S. 60–61

120  Ebd. S. 129

121  Ebd., S. 152

122  Ebd., S. 147

123  Jung, Carl Gustav: Geleitwort zu »Die große Befreiung« von Daisetz Z. Suzuki, Weilheim 1972, S. 9–10

124  EW I, S. 255,28–28 (Predigt 22)

125  Eckhart: Predigt 57, Zitiert nach: Q, S. 415

126  EW I, S. 419,11–15 (Predigt 38); vgl. auch Ps 118,20

127  EW I, S. 563,6–17 (Predigt 52)

128  Vgl. Eckhart: Predigt 57, Zitiert nach: Q

129 Vgl. Stangier: Das Unsagbare sagen, Norderstedt 2017, S. 113–115 (Im Folgenden zitiert als Stangier 2017)

130 Gal 4,19

131 Ruh, Kurt: Meister Eckhart. Theologe, Prediger, Mystiker. München 1985, S. 140 (im Folgenden zitiert als Ruh 1985)

132 Augustinus: De vera religione. Stuttgart 1986, S. 39

133 EW I, S. 559,9–19 (Predigt 52)

134 EW I, S. 559,29–561,3 (Predigt 52)

135 EW II, S. 343,13–14 (Traktat 2)

136 Fromm, Erich: Haben oder Sein. Die seelischen Grundlagen einer neuen Gesellschaft. München 1976, S. 84

137 Ebd., S. 85

138 AZ, S. 46 und S. 49

139 WE, S. 112–113

140 WE, S. 122–125

141 EW I, S. 71,18–29 (Predigt 5B)

142 EW I, S. 195,1-7 (Predigt 16)

143 EW II, S. 319,28–29

144 Ebd.

145 EW II, S. 321,9–16

146 EW I, S. 323,37 und 325,1–6 (Predigt 28)

147 EW I, S. 321,17–20 (Predigt 28)

148 Hakuin: Selected Writings. New York 1971, S. 134 (im Folgenden zitiert als HSW)

149 HSW, S. 134–135

150 Vgl. Lk 9,23

151 EW I, S. 127,34–129,4 (Predigt 10)

152 HSW, S. 118

153 Reich-Gottes-Predigt. Meister Eckharts deutsche Predigten und Traktate. Ausgewählt, übertragen und eingeleitet von Friedrich Schulze-Maizier. Leipzig, 2. Auflage 1938, S. 337–338

154 Ebd., S. 339

155 Ebd., S. 340

156 Ebd., S. 342

157 HSW, S. 170

158 AZ, S. 65

159 WE, S. 194–205

160 vgl. EW II, S. 307,4–309,20 (Traktat 1)

161 WE, S. 215–220

162 Tanahashi 1989, S. 155

163 Ebd., S. 151–153

164 Isutzu 1986, S. 66

165 Suzuki 1958, S. 125

166 Joh 8,1–11

167 Sammlung der 100 Zen-Koans. Zürich 1964, S. 71

168 AZ, S. 128–129

169 EW I, S. 565,25–30 (Predigt 53)

170 EW I, S. 565,20–25 (Predigt 53)

171 AZ, S. 71

172 Ebd., S. 72

173 Ebd., S. 130–131

174 Ebd., S. 132

175 Ebd., S. 132–133

176 Hebr 4,12

177 EW II, S. 437,20–34 (Traktat 3)

178 EW I, S. 545,18–25 (Predigt 51)

179 EW I, S. 35,13–15 (Predigt 2)

180 Mt 19,21

181 Vgl. AZ, S. 137–165

182 EW II, S. 341,33–34

183 Meister Eckhart: Die lateinischen Werke. Expositi sancti Evangelii secundum Iohannem. Stuttgart 1994, S. 241,7–9 (im Folgenden zitiert als LW)

184 EW I, S. 455,27–36 (Predigt 42)

185 EW II, S. 77,33–37 und S. 79,1–9 (Predigt 71)

186 Stangier 2017, S. 184

187 LvM, S. 24–25

188 LvM, S. 48

189 Tanashi 1989, S. 151

190 LvM, S. 26

191 Dumoulin, Heinrich: Die Geschichte des Zen-Buddhismus. Band II: Japan. Bern 1986, S. 293

192 Vgl. Essler, Wilhelm K. / Mamat, Ulrich: Die Philosophie des Buddhismus. Darmstadt 2006, S. 119ff.

193 Meister Eckhart: Predigt 12. Neuhochdeutscher Text und Kommentar nach Lectura Eckhardi I. Predigten Meister Eckharts von Fachgelehrten gelesen und gedeutet, hrsg. von Georg Steer und Loris Sturlese. Neu übersetzt und kommentiert von Alois Maria Haas. Stuttgart 1998, S. 27–33 (im Folgenden als Haas 1998 zitiert)

194 Haas 1998, S. 37

195 Vgl. Lk 14,26

196 Joh 12,24

197 Vgl. Röm 9.3

198  LK 11,34

199  Rötting, Martin: Religion in Bewegung. Berlin 2011, S. 13

200  Ebd., S. 94

201  Ebd., S. 95

202  Vgl. Stosch, Klaus von: Einführung in die Systematische Theologie. Paderborn 2014, S. 317ff.

203  Abgedruckt in Doumolin, Heinrich: Östliche Meditation und christliche Mystik. Freiburg i. Br. und München 1966, S. 278

204  Byung-Chul, Han: Philosophie des Zen-Buddhismus. Stuttgart 2012, S. 109 (unter Verweis auf EW I, S, 97,33–99,4)

205  Ueda 2011, S. 158

206  Deutsche Predigten und Traktate, S. 331,28 (Predigt 37)

207  Zen-Geschichte. Der Ochs und sein Hirte. Pfullingen 1958, S. 42; zum Ganzen vgl. Ueda 2011, S. 156–157

208  Hismatsu 2–1980, S. 9

209  Ebd., S. 32

210  Ebd., S. 32–33

211  Ebd., S. 9

212  Nishitani 1986, S. 89

213  Vgl. Apg 1,6–11

214  AZ, S. 147

215  EW I, S. 563,10–17 (Predigt 52)

216  Jäger, Willigis: Munen Muso. Ungegenständliche Meditation. Mainz 1980, S. 439–440

217  EW I, S. 27,8–12 (Predigt 2)

218  Victoria, Brian (Daizen) A.: Zen, Nationalismus und Krieg. Eine unheimliche Allianz. Berlin 1999, S. 9

219  Deutschlandradio vom 21.2.2011: Das verhängnisvolle Stillhalten des Vatikans

220  Süddeutsche Zeitung vom 2.3.2009: Interview mit Hans Küng

221  EW I, S. 49,33–34 (Predigt 4)

222  Vgl. die Predigten 7 und 108

223  EW I, S. 143,16–18 (Predigt 12)

224  Ueda 2011, S. 159

225  Fromm, Erich: Haben oder Sein. Die seelischen Grundlagen einer neuen Gesellschaft. München 1976, S. 207–209

226  Vgl. Ruster, Thomas: Der verwechselbare Gott. Theologie nach der Entflechtung von Christentum und Religion. Freiburg i. Br. 2000

227  Nishitani 1986, S. 119

# Quellen- und Literaturangaben

## Werke Meister Eckharts

**Studienausgabe der lateinischen Werke,** Band 1. Prologi in opus tripartitum, Kohlhammer, 2016

**Deutsche Predigten und Traktate.** Hrsg. und übers. von Josef Quint. München 1963. (Zitiert als Q)

**Lateinische Werke.** Band 3. Exposito Sancti Evangelii secundum Iohannem. Hrsg. von Karl Christ, Bruno Decker und Josef Koch. Stuttgart 1994.

**Lectura Eckhardi I.** Predigten Meister Eckharts von Fachgelehrten gelesen und gedeutet. Hrsg. von Georg Steer und Loris Sturlese. Stuttgart 1998. (Hierin insbesondere Predigt 12. Neu übersetzt und kommentiert von Alois Maria Haas; zitiert als Haas 1998)

**Reich-Gottes-Predigt.** Meister Eckharts deutsche Predigten und Traktate. Ausgewählt, übertragen und eingeleitet von Friedrich Schulze-Maizier, Leipzig, o.J.

**Werke.** Zwei Bände. Hrsg. und komm. von Niklaus Largier. Frankfurt a.M. 1993. (Zitiert als EW I und EW II)

## Werke Hakuins

**Authentisches Zen.** Hrsg. von Normann Waddell. Frankfurt am Main 1997. (Zitiert als AZ)

**Lied von der Meditation.** Hakuin Zenji Zazen Wasan. Übersetzt von A. W. Haduch. Zürich 1994. (Zitiert als LvM)

**Selected writings.** Translated by B. Yampolsky. New York 1971. (Zitiert als HSW)

**Wilder Efeu.** Hrsg. von Normann Waddell. Berlin 2006. (Zitiert als WE)

**Zen words for the heart.** Hakuins Commentary of the Heart Sutra. Translated by Norman Waddell. Boston und London 1996.

## Sonstige Literatur und Quellen

**Abe,** Masao: Kenotic God and Dynamik Sunyata. In: The Emptying God: A Buddhist-Jewish-Christian Conversation. New York 1990.

**Angelus Silesius:** Cherubinischer Wandersmann. Kritische Ausgabe. Stuttgart 1995.

**Augustinus,** Aurelius: De vera religione, Reclams Universal-Bibliothek, Taschenbuch, Stuttgart, 1986

**Bibel.** Durchgesehene und überarbeitete Einheitsübersetzung. Stuttgart 2016

**Die** Hundert Zen-Koans der »Eisernen Flöte«. Zürich. 1964

Döll, Steffen: Wozu also suchen? Eine Einführung in das Denken von Ueda Shizuteru. München 2005

Dumoulin, Heinrich: Geschichte des Zen-Buddhismus. Band II: Japan. Bern 1986.

Dumoulin, Heinrich: Östliche Meditation und christliche Mystik. Freiburg i. Br. und München 1966.

Essler, Wilhelm K. und Mamat, Ulrich: Die Philosophie des Buddhismus. Darmstadt 2006.

Fromm, Erich: Haben oder Sein. Die seelischen Grundlagen einer neuen Gesellschaft. München 1976.

Han, Byung-Chul: Philosophie des Zen-Buddhismus. Stuttgart 2012

Hisamatsu, Hoseki: Die Fülle des Nichts. Vom Wesen des Zen. Pfullingen 1980.

Hisamatsu, Hoseki: Die fünf Stände von Zen-Meister Tosan Ryokai. Strukturanalyse des Erwachens. Pfullingen 1980.

Izutsu, Toshihiko: Philosophie des Zen-Buddhismus. Hamburg 1986

Jäger, Willigis: Beitrag in Munen Muso. Ungegenständliche Meditation. Mainz 1980. S.439.

Jung, Carl Gustav: Geleitwort. In: Suzuki, Daisetz Taitaro: Die große Befreiung. Weilheim 1972.

Kosaka, Masaaki: Die hermeneutische Struktur des Weges. In: Die Philosophie der Kyoto-Schule. Freiburg i. Br. 2011.

Lotus Sutra. Übersetzt von Max Deeg. Darmstadt 2007.

Nishitani, Keiji: Was ist Religion? Frankfurt a. M. 1986.

Otto, Rudolf: West-östliche Mystik, München 1971.

Rötting, Martin: Religion in Bewegung. Berlin u. a. 2011.

Ruh, Kurt: Meister Eckhart. Theologe, Prediger, Mystiker. München 1985.

Ruster, Thomas: Der verwechselbare Gott, Theologie nach der Entflechtung von Christentum und Religion. Freiburg i. Br. 2000.

Ruster, Thomas: Bezeugen alle Religionen denselben Gott? In: Publik-Forum. Nr. 20/2017

Stangier, Klaus-Werner: Schritte ins Freie. Freiburg i. Br. 1993.

Stangier, Klaus-Werner: Den eigenen Weg finden. Freiburg i. Br. 2003.

Stangier, Klaus-Werner: Das Unsagbare sagen. Norderstedt 2017.

Stosch, Klaus von: Einführung in die Systematische Theologie. Paderborn 2014.

Suzuki, Daisetz Taitaro: Zen und die Kultur Japans. Hamburg 1958.

Sutrenbuch. Hrsg. von Agetsu Kudo Wydler Haduch. Zürich 2000.

Tanahashi, Kanuaki: Der Zen-Meister Hakuin Ekaku. Köln 1989.

Ueda, Shizuteru: Die Gottesgeburt in der Seele und der Durchbruch zur Gottheit. Die mystische Anthropologie Meister Eckharts und ihre Konfrontation mit der Mystik des Zen-Buddhismus. Gütersloh 1965, Neuauflage, Freiburg 2018.

**Ueda,** Shizuteru: Wer und was bin ich? Zur Phänomenologie des Selbst im Zen-Buddhismus. Freiburg i. Br. 2011

**Victoria,** Brian A.: Zen, Nationalismus und Krieg. Eine unheimliche Allianz. Berlin 1999.

**Vincent,** Markus: Bildsequenzen der Individualisierungsstufen des Menschen. In: Meister-Eckhart-Jahrbuch 8. Stuttgart 2014.

**Welte,** Bernhard, Meister Eckhart. Gedanken zu seinen Gedanken. Freiburg i. Br. 1979.

**Zen-Geschichte.** Der Ochs und sein Hirte. Aus dem alten China. Pfullingen 1958. Eine altchinesische Zen-Geschichte – erläutert von Meister Dazohkutsu R. Ohsu – mit japanischen Bildern aus dem 15. Jahrhundert

## Internetquellen

www.deutschlandfunk.de: Das verhängnisvolle Stillhalten des Vatikans, 21.2.2011 (zuletzt abgerufen am 22.10.2017)

www.sueddeutsche.de: Interview mit Hans Küng am 2.3.2009 (zuletzt abgerufen am 22.10.2017)

## Über den Autor
## und die Kalligrafinnen

**Klaus-Werner Stangier**

Klaus-Werner Stangier hat sich nach dem Studium der Philosophie, Theologie und Germanistik in Initiatischer Therapie (Karlfried Graf Dürckheim, Todtmoos-Rütte) und Zazen (Yamada Bunryo Roshi, Japan) ausgebildet. Unter anderem ist er Lehrbeauftragter des Moreno-Instituts und Supervisor (DGSv). 1989–2014 leitete er mit seiner Frau Cornelia Kleijn-Stangier das Meister Eckehart Haus in Köln. 2009 gründete er das Übungshaus »der ort – Kreativität aus der Stille«, dort ist er als Meditationslehrer, Psychodramatiker und Therapeut tätig. www.klauswerner-stangier.de

**Barbara Käppler**
Ihr Interesse für Kalligrafie begann
vor etlichen Jahren; sie besuchte
Kurse und Workshops, sammelte Texte
Gedichte, Worte.
Sie experimentiert mit Tusche, Feder,
Pinsel und Papier.
Das ist ihre Freude.

*Morgenhimmel rot*
*Gräser wie Federkiele*
*Schreiben und Atmen.*
 *haiku*

**Ursula Werner**
Ursula Werner hat Kunst und Philosophie
studiert. Seit über 20 Jahren wird sie als
Mitglied einer japanischen Kalligrafie-
Schule in Kyoto in dieser Kunst ausgebildet.
Ihre Lehrer sind: Seiun Takeuchi (Japan)
und Kazuaki Tanahashi (USA).
Mittlerweile unterrichtet sie selbst Kalligrafie am Museum für
Ostasiatische Kunst in Köln.
Ihre Bilder werden auf Ausstellungen in Deutschland und Japan
gezeigt.
www.kalligraphie-ursulawerner.com

# Erinnerungen und Einsichten

Niklaus Brantschen
**Zwischen den Welten daheim**
Brückenbauer zwischen Zen und Christentum

172 Seiten
Hardcover mit Schutzumschlag
ISBN 978-3-8436-0965-4

Niklaus Brantschen ist in verschiedenen Welten unterwegs: in der christlich-abendländischen Welt und in der Zen-buddhistischen, in der Welt des Jesuitenordens und in der säkularen Welt, in der Welt der Innerlichkeit und in jener des Handels und Wandels. Das Lassalle-Haus bei Zug machte er über die Schweiz hinaus bekannt als bedeutendes Meditations- und Bildungszentrum für interreligiöse Begegnungen. Zen, Exerzitien, Yoga, Kontemplation: Die Übungswege aus christlicher und östlicher Tradition finden hier zusammen. Aus seinen Erinnerungen gewinnt Niklaus Brantschen grundsätzliche Einsichten in menschliche Beziehungen, das, was trägt und wesentlich bleibt. Seine Erfahrungen können uns unterstützen, in einer komplex gewordenen Welt und in stürmischen Zeiten Orientierung zu finden.

www.patmos.de